フィギュール彩 ㉘

EMPLOYONS LA CONSTITUTION
COMME UNE ALTERNATIVE DE NOTRE POLITIQUE !
OSAMU TAMURA

日本政治のオルタナティブ

憲法を使え!

田村 理

figure Sai

彩流社

目次

はじめに――日本政治が不安な人に

人は社会を作って生きていく。複数の人が集まる社会では人の数だけ意見があり、価値観がある。最も身近な社会である家族を考えてみてほしい。強い信頼と愛情で結ばれた家族でも、妻と夫・母と父・子と親・兄弟姉妹、どの関係にも大小様々な意見の相異と対立があるのが普通だ。それでも、時に自己主張し、時に譲歩することで家族という社会は成り立っていく。そのために、各家族なりに培ってきた絶妙のバランスと合意づくりの方法がある。

社会の規模が大きい国になれば意見と価値観は無数にあり、対立のあり方も無限に複雑だ。しかし、私達の国の政治はそれに見合わず随分と単純で分かりやすい。護憲か改憲か、自民党を支持するかしないかなど、単純な二者択一で済まされる。単純すぎる二者択一は「民主主義とは多数決である」というこれまた単純すぎる民主主義論で説明される。社会の複雑さに見合わない単純さのせいで、ある時には選挙によって正当化された独裁を生む。衆院選挙で過半数の議席を得た政党の党首が首相となり、首相が示す政策はどれほどの問題があり、批判があっても強行採決してしまえばよい。民主主義は単純に多数決なのだから。またある時には何も決められない不能を生む。衆参で多数派が異なる「ねじれ」が生じれば、大震災にも迅速に対応できないように。

両者に共通するのは、社会には異なる意見があることを前提に、合意を創り出すという回路がないことだ。そのため、無数の意見と価値観は分断されたまま放置される。多数派になれない人は空気を読んで多数派のふりをし、息を潜める。こうした社会が不自由で息苦しくはないだろうか？　不能か独裁かの政治に不安を感じないだろうか？　多数派であっても、他者を一面的に罵倒し続けることに胸が疼《うず》くことはないだろうか？

この本は、そんな息苦しさ、不安、疼きを感じている人に、憲法が一つの解決策を示していると知ってもらうことを目的としている。護憲か改憲かは盛んに議論されても、憲法の内容をよく知らない人は実に多い。押しつけられた憲法だから、七〇年間一度も改正されないのはおかしいから等、改正理由の多くが憲法の内容にかかわらないものであることはそのあらわれだ。

憲法は次のような内容をもっている。王様や皇帝のように一人の人や一つの機関に権力を集中させれば、意見の異なる国民を弾圧し、他国に戦争をしかける等、権力の濫用がおこるのは歴史の示す事実だ。これを防ぐために憲法を定め、権力の分立とその権力が侵してはいけない人権を明確に決めておく。そういう考え方を立憲主義という。

まず、国民みんなが選挙で代表を選んで国会を組織する。議員はみんなの代表として意思疎通と合意形成をはかり、必要な政策を法律にまとめる。国会はその法律を実現させる内閣を組織する。内閣は、国会の監督の下、国会の定めた法律にしたがって行政権を行使する。内閣総理大臣は行政の長ではあるが、国の決定権を独占する王や皇帝であってはならない。

国民代表による合意形成と行政権のコントロールの仕組みを用意するだけではない。憲法は民主的に定められた法律、それに基づく行政でも、してはいけないことをリストアップしている。それが人権だ。例えば、戦前の日本が治安維持法で行ったような特定の意見の弾圧は、思想の自由、表現の自由の侵害にあたり許されない。人権を権力からもまもるために裁判所による違憲審査制も設けられた。憲法は、国民の多様な意見や価値観の共存に高い価値を認め、それを基礎に民主政治を構築しようとしている。

普通、法律は裁判所の判決によって実現される。しかし、憲法は特殊で、裁判で実現できないことも多い。その分、憲法に定められていることの多くは政治によって実現される。だから、憲法がどのように実現されるかは私達国民の意識や能力しだいだ。今の日本の政治は、異なる意見の共存に関心が薄く、自分の意見と一致する国家権力にまかせておけばよい、という私達の意識によってつくられているのではないか。政治が不能か独裁に陥らないようにするためには、多様な意見を肯定した上で意思疎通と合意形成をはかり、権力の濫用をコントロールできる国民を増やさなければならない。それは単純で分かりやすいことではなく、絶妙なバランスと合意づくりの方法が必要だ。

単純で分かりやすくなくても大丈夫だ。実は私達の多くは複雑な社会を生きる絶妙なバランスと合意づくりの方法を実践しているからだ。私の育った家族は昭和の家庭らしく父の権威が強かった。しかし、人付き合いが苦手で優柔不断な父に代わって実質的に物事を決めるのは母だった。絶妙なバランス。私と兄はお互いに批判し合わないという暗黙の同意のもと、時に協力を得ながら、自分の意見を通すために母に働きかけるべきか父がいいかをケースごとに判断した。私はまじめで堅物な両親に猛烈に反発したが、愛情と信頼を失うことはなかった。こうして私の家族という社会は健全に維持されてきた。家族、学校、職場……、自分の属する身近な社会を考えてみてほしい。この本は、国家という社会とそれを動かす政治を、身近な社会と同じ視点で考える道標として憲法を使う試みでもある。

序章　分断された日本で

大震災にすら対応できない分断、そしてその後

〈分断された政治〉

第二次安倍政権(二〇一二年)誕生以来、特定秘密保護法の可決、集団的自衛権を容認する憲法解釈変更の閣議決定等、厳しい批判を伴う政策が次々と実現されている。民主党政権時代に露見した「ねじれ国会」、「決められない政治」の問題は解消され、政治は大きく変質したかに見える。しかし、こうした政治の状況をみていると、どうしてもあの大震災後の政治の停滞を思い出す。

放射線被害に不安を募らせ、余震に怯えながら多くの被災者が避難所暮らしを余儀なくされる中、民主党と自民党が協力するどころか、菅直人首相の震災対応への非難、「辞めろ、辞めない」の議論に終始したと言ってもよいほど政治は混乱し、停滞した。被災者そっちのけのドタバタを三カ月近く繰り返した末に、二〇一一年六月二日、内閣不信任決議案が衆議院に提出された。しかし、菅首相がしかるべき時期の辞任を表明し、結局不信任案は否決された。

震災と原発事故の甚大な被害を前にしても、満足な食事もなく、凍てつく寒さの中、冷たい体育館

の床にわずかな毛布で寝なければならない何十万人もの被災者を前にしても、政治家が「和」の精神を示すことはなく、政治は機能しなかった。政党ごと、派閥ごとに分断され、誰が見ても目の前の被災者・被災地の支援をすべきときにさえ身動きできない分断が浮き彫りになった。

それから一年半後、衆参で多数党が異なるねじれ国会は解消された。二〇一二年一二月一六日の衆議院議員総選挙で自由民主党が圧勝し、連立を組む公明党と併せると与党議員が衆議院の三分の二を超える議席を占めた。二〇一〇年の選挙ですでに自民党が比較第一党となっていた参議院でも、二〇一三年の選挙で自民党が勝利し、公明党と合わせると非改選を含む全議席の過半数を超える一三五議席を得た。これでねじれは完全になくなった。二〇一四年六月二二日付け朝日新聞によれば、二〇一四年の通常国会では、内閣が提出した八一の法案のうち七九が可決成立、成立率は九七・五%にのぼった。「決められない政治」も脱したようだ。

しかし、党派ごとの分断の様相は何も変わっていない。二〇一三年一二月六日、深夜一一時半、参議院本会議で特定秘密保護法が可決成立した。法案に共同で修正案を提出した日本維新の会、みんなの党も強引な議会運営に抗議して採決を欠席し、与党だけの賛成で法案は通過した。前日の参院特別委員会で、一方的に審議打ち切りを宣言し、強行採決したためである。そのおよそ一〇日前の一一月二六日夜、衆議院本会議で同法案は可決されている。衆議院でも、特別委員会の地方公聴会では意見陳述者が全員反対を表明、同日与党とみんなの党、日本維新の会が提出した修正案の審議は二時間しか行われなかったため、維新の会は棄権、みんなの党や自民党からも造反者を出した。

〈分断というコインの裏表〉

どんな共同体でも構成員全員の意見が一致することはあり得ず、各構成員は多様な価値観と意見をもっている。しかし、国家は、消費税率を何％にするかを決めなければならないように、一つの決定をしなければならない。そして、国家はその決定に賛成でない人にもそれを強制できるし、しなければならない。「消費税一〇％に反対の人は五％でいいです」というわけにはいかないからだ。したがって、国家権力は一つの意見と価値観を全ての人に強制するという性質を本質的にもつ。だからこそ、広い合意をつくることが重要だ。それにもかかわらず、その合意を創り出す能力も意思もないとしたら、多様な意見はばらばらに分断されたままにされ、何も決められないか、どれか一つを選んで強引に全員に強制するしかない。「決められない政治」と「強行政治」は、多様な意見を持つ人々が分断されたまま合意形成できないという事実のコインの裏表だ。

この分断を放置すれば、私達の国は「決められない政治」と「強行政治」を行き来することになるだろう。多くの被災者を目の前にして分断したまま迷走を続ける政治はもう繰り返したくない。他方、現在の政治は、民主党政権下の「決められない政治」の反動もあり、衆参両院における多数の議席を背景に安倍晋三首相の下、「強行政治」の方向に大きく振れている。二〇一四年一一月末、安倍首相は二年の任期を残して衆議院を解散した。安倍氏は「衆議院議員選挙は政権選択の選挙だ」と繰り返し述べ、解散総選挙は安倍政権への信任投票の様相を呈した。ナポレオンやヒットラーがそうであったように、独裁や全体主義は国民の圧倒的な信任を取り付けることで成立する。

説明なしに「信じる政治」

〈島宇宙〉化する社会

政治の分断は私たちの社会、私たち自身の分断のあらわれでもる。最近よく見られるようになった「反日」「アカ」「馬鹿左翼」などの言葉は、かつて左翼運動が使った「糾弾」「撲滅」などの言葉ととても相性がよい。左右立場が違っても、異なる考えは全否定し、激しい言葉で敵を非難する同質性のあらわれだろう。同じ社会の構成員間に信頼とコミュニケーションを欠いた分断の典型だ。

それではこのような分断は特別な思想をもった特殊な人だけの問題だろうか。

社会学者・宮台真司氏が社会の「島宇宙」化を指摘したのは一九九四年のことだ（宮台真司『制服少女達の選択』講談社、一九九四年）。「自分と周囲がちがわないことによる」安心をコミュニケーションの支えにする私達の社会において、「信頼できる『同じさ』の範囲はどんどん小さくなり、その外側はますます不透明になっていく。若い連中のコミュニケーションはより小さな単位に分解して閉じてしまし、互いに無関連・無関心になっていく」（同書八七ページ）。このような「島宇宙化」は、中学高校の教室でさえ「同じクラス」だという共同性を成り立たなくしていると宮台氏は指摘した。「自分と周囲がちがわないこと」が至上の価値で、本当は存在する意見の違いや価値観の違いは無いことにしなければならない。だから必死に空気を読むことが求められる。そんな社会は学校の教室だけに見られるのではない。例えばみなさんも対立と分断が露わにならないようにけっして採決をとらない会議を経験したことがあるのではないか。これでは常に全会一致で反対の意思表示すらできない人はストレスをためるだろう。これと数で押し切る強行政治の共通点は、対立する見解を持つ者同士が同じ土俵にあがって自己主張をしながら妥協をはかり、より広い合意を取りつけようとするという回路をもたないことだ。

〈説明なしに「信じる政治」〉

「自分と周囲が違わないこと」による安心が何より重視される社会では、対立は偽りの和で覆われ、合意形成のための説明と議論という回路が失われるかわりに、合理的説明なしに「信じる」ことが強調される。信じることは人と社会にとって大切なことであり、それはときに大きな奇跡を起こすこともある。しかし、このような社会では合理的な説明をしなくてもよくする効果をもつこともある。例えば、合理的な説明なしにある政策が国民生活を脅かすことは「断じてあり得ない」と記者会見で強調する首相や共通番号制が監視社会とプライバシーの侵害を引き起こすという批判に対して政府への「信頼」を説くメディアなどはその例である。こうしてある政治家や政党を信じるかどうか、その政策を信じるかどうかが合理的な説明なしに求められ、ネットで強烈に、しかも大量に流される意見を人々は空気を読んで信じようとする。政治の現場では数だけがモノを言い、批判する人がいても、「あの人はわかってない」と切り捨てられる。

公権力が安易に説明なしに「信じる」ことを求めるのは、国民の側が説明なしでも無防備に信頼を与えてしまうからである。憲法は、主権者として国民自ら選挙で選んだ人によって組織された信頼すべき国家に対しても、権力の濫用の可能性を想定する。すでに述べたとおり、そのために憲法は、権力の集中をさけ、互いにけん制させるために三権に分立し、権力が侵してはならない利益を人権として列挙しているのである。このように、国家に余計なことをさせない仕組みが入念に用意されている。これは、一貫した権力濫用への警戒感のあらわれである。しかし、私たちの多くは、国家は私たちをまもるためにあり、人権とは国家が与えてくれる利益だと、無防備な信頼を与える。何度、無実な人が罰せられても、税金の使いみちや放射線の飛散予想などの重要な情報をどれほど隠されても、それを忘れてしまったかのように信じてしまう。

このような政治のあり方を本書では「信じる政治」と表現することにする。「信じる政治」を、「分断」とともに今私たちの政治と社会、憲法がかかえる問題を分析する軸に据えてみたい。

根本を問うとき――政治を支える意識と文化

このように、分断する政治の根は深く、個別の憲法問題、政治問題にその都度対処するだけでは状況はよくならないのではないだろうか。当面の大きな課題としては、政府が閣議決定で行使を容認した集団的自衛権の行使を可能にする立法が待っている。おそらく、その後は安倍首相が「歴史的使命」と述べる日本国憲法の改正が遡上にあがるだろう。憲法改正手続を定めた九六条の改正発議要件の緩和もまた議論されるだろう。その間に、共通番号制が実施に移され、特定秘密保護法も施行される。これらの具体的な問題に対処しなければならないのはもちろんだ。しかし、より根本的な問題は、どの問題をも横断する形で存在する分断とそれを支える「信じる政治」だ。これに取り組むことなしに大震災にも対応できない政治や独裁と全体主義に行き着きかねない政治の質を変えることは困難だろう。本書は、この分断をもたらしているものは何かを明らかにしつつ、日本国憲法とその基礎にある立憲主義の理念が、それへの一つの解決策、オルタナティブを示していることを明らかにしたい。個々人の多様な意見を人権として裁判所がまもり、その多様な意見を国会で代表が吸い上げて合意を創り、内閣は国会で定められた法律にしたがって国会のコントロールを受けながら行政を行わなければならない。憲法はこうした「絶妙のバランスと合意づくりの方法」を示していることを、私達はまだ十分に理解できていない。そのために、現実政治と憲法の乖離が生まれ、分断する政治を引き起こしているのではないか。

本書が特に注目するのは、憲法から乖離し、分断する政治をもたらしている要因と背景にある文化や人々のメンタリティーだ。立憲主義とはどのような理念で、それを日本国憲法はどのように定めているか、政治はどのように行われるべきか、といった憲法学、法律学の王道を丁寧に説明する良書は増えたので、それを繰り返す必要はない。本書では、立憲主義の理念や憲法の規定を実現することを阻んでいる要因を描き出し、それにもかかわらず立憲主義の理念と日本国憲法の諸制度が現在の日本社会に意義をもっているのか否かを考えていきたいと思う。

第一章　常識とはほど遠い立憲主義

日本国憲法の提示する選択肢

あらためて憲法が提示する政治のあり方を確認しておこう。公権力を一人の人物あるいは少数者に集中させると、その意見に従わない者を捕らえて処罰し、無謀な戦争に乗り出し、浪費によって財政状況を悪化させ、勝手に税負担を増やすなど、権力が濫用されがちなのは歴史の示す事実だ。これを防ぐために、権力が集中しないようにどう組織するか、組織された公権力に何をさせ、何をさせてはならないのかを予め憲法に記しておこうとするのが、日本国憲法も依拠する立憲主義の理念だ。したがって、権力分立と公権力が侵してはならない人権が定められていることが立憲主義の要だ。

日本国憲法は、国民の代表からなる国会で意思疎通と合意形成を行ってそれを法律として定める立法権を国会に与えた(四一条)。法律を実現する行政を行うのは内閣の仕事だ(六五条)。内閣は、国会によって長である内閣総理大臣が指名され、国会の監視のもと、法律にしたがってのみ行政権を行使できる(議院内閣制と法律による行政の原則)。裁判所は起こった事件を事後的に解決する司法権しかもたないが(七六条一項)、立法・行政の二権からは独立が保障される(七六条三項)。そして、裁判所には立法・行政によって民主的に行われた権力の行使でも、憲法の定めに反すれば無効にできる違憲審査権が与えられている。こうして権力分立を採用し、絶妙なバランスを実現しようとしている。

違憲審査権を使って裁判所がまもるものが人権である。多くの場合、人権は立法権・行政権からまもられるべき権利だ。この二権は理論上国民の多数意思に基づいて行使される。それでも公権力がしてはいけないことが人権である。たとえ国民の大多数が天皇制を否定したり共産主義を支持したりする者を処罰すべきだと考えて治安維持法を定めても、その者が特定の意見を主張していることだけで処罰してはならない、というのが人権なのである。これは、多様な意見を持った人がいるという健全な社会を保つための仕組みの一つだ。だから、人権の核は「全て国民は個人として尊重される」と定める一三条なのである。

特に多様な意見をもった個人に表現の自由を厚く保障することは、国民が自由に意見をたたかわせあい、合意形成に参加することが必要な民主主義にとって不可欠だ。民主主義を実践する方法は選挙だけではない。そして、その選挙で代表を選ぶのは、単純な多数決で少数派を切り捨てない工夫だ。衆参両院が「全国民を代表する議員」(四三条)でなるとされるのは、議員はどの選挙区で選ばれても、どの政党に属していても「全国民」のために、審議を通じて意思疎通と合意形成をはかることが期待されているからだ。憲法はそういう役割を担う代表を通じて日本国民は行動するのだと前文で宣言し、代表の集う国会を「国権の最高機関」(四一条)として、国政の中心に据えているのである。

憲法は、このように絶妙なバランスと合意形成の方法を指し示している。しかし、そのことを私達は十分に理解できていない。憲法の基本原理は、国民主権、平和主義、基本的人権の尊重だとは教わっていても、それらが公権力のコントロールをめざす立憲主義とどうかかわるのかを教わった人は少ない。立憲主義に不可欠の要素である権力分立は、基本原理にすら数えられてこなかったのである。

立憲主義なんて知らない

〈日本の立憲主義の歴史は浅い？〉

次のページの二つのグラフは、二大全国紙である読売新聞と朝日新聞が一九八五年以降、年に何回「立憲主義」という言葉を記事中で用いたかを、両紙のデータベースを用いて調べたものである。

安倍晋三首相が憲法改正手続を定める九六条改正を目指すのに反対して作られた「九六条の会」発足の会見で、憲法学の泰斗《たいと》樋口陽一氏は、大阪通天閣のビリケンさんに似ているために「ビリケン寺内」と呼ばれた寺内正毅《まさたけ》首相（一九一六～一九一八年在任）にふれ、ビリケンは「非立憲」にかけてあるとして、「立憲という言葉は、当時の帝国臣民にも耳慣れない言葉ではなかった」と述べた。ところが、一九九〇年代まではこの言葉は新聞上でほとんど用いられていない。日本国憲法を持った後の日本国民には、立憲主義はほとんど使われない耳慣れない言葉となってしまった。この言葉は、使われはじめてまだ一〇年ぐらいの歴史の浅い言葉であるかのようである。

では、立憲主義の語が新聞に登場するようになったのは、どのような事情によるものか。二〇一三年、朝日新聞では一三九回、読売新聞でも三五回この語が用いられた。これは、日本国憲法改正を自らの歴史的使命と位置づける安倍氏が政権の座に返り咲き、九六条の改正を提言したからである。両議院の総議員の三分の二以上の賛成で改正を発議し、国民投票にかけて過半数の賛成を得るという手続のうち、両議院の総議員の三分の二の賛成による発議という要件が厳しすぎるため、過半数に引き下げるべきだとした。この提案が公権力への縛りをかけることを意味する立憲主義に反するか否かが

記事中に「立憲主義」が用いられた件数

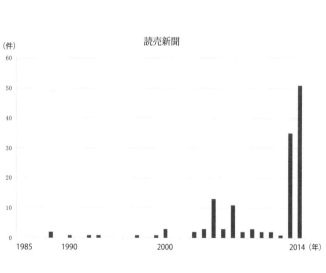

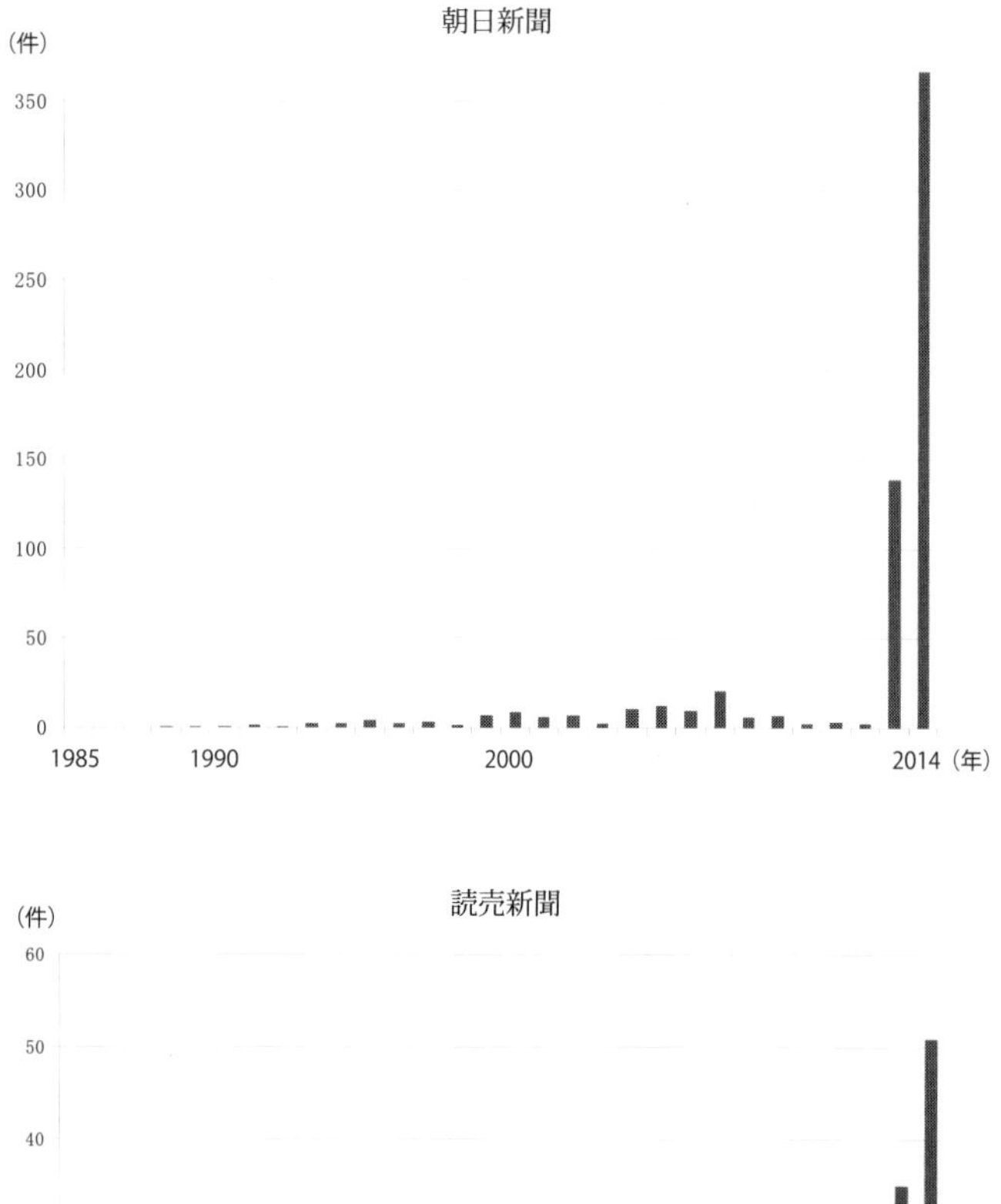

大きな論争を巻き起こしたのである。二〇〇七年に立憲主義の語が使われたのも第一次安倍政権の誕生と関係がある。『美しい国へ』(文春新書、二〇〇六年)をものして首相の座についた安倍首相が、憲法改正を熱心にアピールした時期と重なっている。それ以前の二〇〇〇年には衆参に設置された憲法調査会が本格的に活動を開始し、二〇〇五年には衆院憲法調査会が最終報告を出している。

その間、二〇〇一年九月にはアメリカへの同時多発テロが発生し、同年にはテロ特措法も定められた。二〇〇三年はイラク戦争への自衛隊の派遣が行われた年である。派遣は非戦闘地域に限定されていたが、戦闘地域との区別は容易ではなく、戦闘地域ではないかと疑われる地域に自衛隊が初めて派遣された。これをきっかけに、憲法九条と国際貢献のあり方が大きな論争となった。また、この頃から同じ時期に自民党では憲法改正に関するプロジェクト・チーム、憲法改正案起草委員会、新憲法起草委員会が発足し、憲法論議がなされたことをはじめ、様々な憲法試案が示された時期である。

このように、立憲主義が危機に瀕する時にこれを失ってはならないという主張が繰り返されたり、それに対して立憲主義をないがしろにするものではないという反論が出されたりすることは自然なことだ。しかし、立憲主義に依拠する憲法を一九四七年に得てから二一世紀に至るまで半世紀にわたってこの語が社会で顧みられなかったこと、この国の公権力担当者も国民も、公権力の濫用を防ぐには日常的に監視とコントロールが必要であり、憲法はその道具だということを認識することがなかったことをこのグラフは表している。

〈「立憲主義なんて聞いたことがない」〉

だから、自民党憲法改正推進本部事務局長を努めた礒崎陽輔《いそざきようすけ》氏が「立憲主義なんていう考え方は聞いたことがない」とツイートしたのも無理はない。礒崎氏は現在、国家安全保障担当内閣総理大臣補佐官の要職をつとめ、憲法に関する発言も多い。もちろん、今は立憲主義の意味と重要性を踏まえつつ様々な発信をしている。しかし、東大法学部卒業のスーパー・エリートである礒崎氏の頭脳で日本最高水準の憲法の講義を受けても記憶に残らないほど、この国では立憲主義に関心が薄かったのである。

樋口陽一氏は礒崎氏のエピソードについて「常識すぎて逆に試験に出ない。それで知らないのでしょうか」と述べている(二〇一四年四月五日付け北海道新聞夕刊)。樋口氏にとっては常識すぎたのかも知れないが、礒崎氏に憲法を講義した芦部信喜氏や樋口氏から講義を受ける世代であった私も、実は、立憲主義という言葉を法学部の授業で習った記憶がない。東大法学部に入学できるほどの能力の無かった私には、礒崎氏が言ったように芦部信喜氏が講義で立憲主義を論じなかったかどうかは分からない。おそらくその語がまったく使われなかったはずはないのだが、礒崎氏や私にとっては常識とはほど遠く、それが憲法の存在意義を示す重要な概念であるということは学び取れなかった。私がその重要性を学んだのは憲法研究者を志して大学院に進み、立憲主義の意義を強調する樋口氏らの研究を本格的に学ぶようになった後である。また、日本国憲法の基本原理として挙げられるのは平和主義、国民主権、基本的人権の尊重の三つであり、立憲主義の要とみなされてきた三権分立が挙げられてこなかったことも、立憲主義への無関心を証明してはいないだろうか。

〈日常的権力の監視を阻む無防備な信頼〉

歴代の内閣が継承してきた集団的自衛権は違憲とする解釈を一つの内閣が十分な議論もせずに変更することは立憲主義に反する。そもそも、行政の長である首相が九九条の憲法尊重擁護義務を果たさず改正を主張することが立憲主義に反する。改正の難しい硬性憲法を最高法規として時の政治や立法府の恣意を抑制しようとする九六条の改正手続を緩めてしまうことは立憲主義に反する。この様に日本国憲法の根幹が揺さぶられる様々な動きの中で、それを批判する道具として立憲主義の語はたしかに定着した。しかし、なぜ立憲主義が必要なのか、それはどのようなものなのか、は十分に浸透したとは言い難い。特に、日常的に公権力を監視し、コントロールする必要性が私達の間で十分に共有されているとは思えない。むしろ、国や自治体は私達を保護してくれる有り難い存在だと、一面的に、無防備に信じられている。

集団的自衛権の行使容認を説明する際、安倍首相がアメリカの軍艦に母子が乗り込む絵を示しながら、「彼らが乗る米国の船をいま私たちは守ることができない」から、行使容認が必要だと主張した。また、憲法一三条がさかんに引用され、「国民の生命、自由及び幸福追求の権利を保障するために必要だ」ともされた。

国民の人権を守ってあげる。国に人権を守ってもらう。そうした観念が根付いているからこその言説である。

公権力の制限、コントロールという観点からは、一三条の幸福追求権は「国家からの自由」すなわち自由権を定めた規定と考えられ、公権力の不作為を求めていると憲法学では解されている。だとすると、むしろ「政府の行為によって再び戦争の惨禍が起こることのないやうに」(前文)することで個人の生命、自由及び幸福追求の権利は守られると考え、集団的自衛権の行使をさせないという不作為を主張するための規定だということになる。しかし、この間の集団的自衛権をめぐる政治やマスコミでの議論にそのような主張は見られない。

そして、「守ってくれる」という信頼は「私達が選挙で選んだ私達の政府」という思考によって強固に下支えされている。例えば、二〇一三年五月二四日に法律が成立した共通番号制度をめぐる報道をみてみよう。この制度は、すべての国民に納税者番号を付し、これを健康保険番号、年金番号などの社会保険分野の番号と統一するものだ。税と社会保障に関する情報を一元的に管理して所得の再配分を効率的に行い、公正な社会を実現するために導入されるという。一方で、権力に都合のよい監視社会が実現され、個人のプライバシー権が侵害される危険が高まるという批判も強い。これに対して、前で見たとおり近年熱心に立憲主義を説いている朝日新聞も二〇一三年五月二六日付け社説で「煎じ詰めれば、『政府』は誰のためにあるのかという問いに突き当たる」、「政府を監視することはむろん必要だ。しかし、政府と市民とを対立する関係とのみとらえれば、適切な所得再配分、格差の縮小は後手に回る」と論じ、「様々なリスクがあるなかで、共通番号の利点を最大限に引き出すには行政への信頼感が欠かせない。信用できる政府をつくるのも、私たち自身である」と結論づける。

国民が「私達のために」選挙で民主的に組織した権力でも、ヒットラーの独裁のような極端な例でなくても、その権力を制限し、絶えず監視し、コントロールする必要がある。そう考えるのが立憲主義だから、憲法一三条が保障するプライバシー権と適切な所得再配分や格差の縮小は少なくとも同等の価値をもつ。この制度を支持する場合は、どうしたらプライバシー権の侵害に至らないのかを、制度の有益性と同じ程度に論じればすむのだが、「私達のための政府」「行政への信頼」の観念がそれを妨げている。

こうして説明なしの「信じる政治」が常識として根づき、自ら組織した公権力にさえ無防備に全面的な信頼を与えず、国民全体が主権者としてコントロールする必要性を示す立憲主義が常識となることはなかったのである。

〈必要性を示す〉

では、言葉としては定着しつつある立憲主義を常識にするには何が必要か。「憲法とはそもそも公権力を縛るものだ」と当然のごとくに繰り返すだけでは不十分だ。それでは、特に憲法の目的、存在意義は権力のコントロールに限られないと考える人達には何らの説得力もない。なぜ現在の日本で憲法が定める立憲主義が必要なのか、それが有益であり得るのかについて、一人でも多くの人に理解される理由を示さなければならない。そんなことは憲法学にとっては「常識すぎて」示す必要のないことかもしれない。しかし、民主主義によって正当化された権力への一面的で無防備な信頼を与える実社会では、それは常識とはほど遠い。むしろ、国民の生命と財産を国が守ってくれる集団的自衛権を否定し、所得の再配分と格差縮小を実現してくれる共通番号制を否定するほうが非常識だと映っているのである。この倒錯したイメージを反転させなければならない。

そのためには、権力に無防備の信頼を与える「信じる政治」がいかにして分断をもたらし、どのような問題を露呈しているのかを示し、これを憲法の定めと対比することからはじめる必要がある。

第二章　分断はなぜ生じ、何をもたらすのか
――「信じる政治」が生む弊害

「和」の精神

〈十七条憲法〉

「和をもって貴《とうと》し」とせよ。そう説いたのは、かの聖徳太子の十七条憲法だ。「和」の精神こそ日本人の美徳、日本文化であるから、自民党憲法改正草案前文でも和を尊ぶことが謳われた。では、政治の分断は和の精神を捨て去ったために生じたのだろうか。十七条憲法の一条をみてみよう。

「一に曰《いわ》く、和をもって貴《とうと》しとし、抗《あらが》うことのなきを宗《むね》とせよ。人みな党《たむら》あり。また達《さと》れる者少なし。これをもって、あるいは君夫《くんぷ》に順《したが》わず。また隣里に違《たが》う。しかれども、上和《かみやわ》らぎ、下睦《しもむつ》びて、事を、論《あげつら》う諧《かな》うときは、事理《じり》おのずから通ず。何事か成らざらん」。

（おたがいの心が和らいで協力することが貴いのであって、むやみに反抗することのないようにせよ。それが根本的態度でなければならぬ。ところが人にはそれぞれ党派心があり、大局を見通している者は少ない。だから、主君や父に従わず、あるいは近隣の人々と争いを起こすようになる。しかしながら、

人々が上も下も和らぎ睦まじく話し合いができるならば、ことがらはおのずと道理にかない、何事も成しとげられないことはない。）

〈滝藤尊教他訳『聖徳太子　法華義疏（抄）　十七条憲法』（中公クラシックス、二〇〇七年、一四七ページ、一五二ページ）〉

人々が党派心に埋没して大局を見失わぬよう、上に立つ者も下々の者も仲睦まじく話し合いができれば、道理にかなう選択ができる。東日本大震災後の政治の分断は、党派心にとらわれ大局を見失った結果だろうか。

〈和の精神と価値観の多様化〉

より大きな問題は、十七条憲法が求める「和」が、価値観が多様化する現代の社会にふさわしいかということだ。十七条憲法一条は「主君や父に従う」ことを求め、同三条では「詔を承りてはかならず謹め。（天皇の詔を承ったときには、必ずそれを謹んで受けよ。）」「君言うときは臣承る。上行うときは下靡く。（君が命ずれば臣民はそれを承って実行し、上の人が行うことに下の人々が追随するのである。）」としている。「上和らぎ、下睦びて、事を、論う詣うときは、事理おのずから通ず」が「上行うときは下靡く」ことを前提としたものだとしたら、十七条憲法の「和」は、権力への服従によって実現されるものであり、「話し合い」は権力の決定に人々を従わせるために行われる。そうだとすれば、私達の政治がこの教えに未だに忠実すぎることが分断の原因なのではないかと私は思う。

行政権の長であり通常は最大与党の党首である首相が政策の作成、提案、決定に強い主導権を持ち、これに従わせるための手続きとしては議会で「話し合い」を行うが、その過程で多様な意見をもつ人々のより広い合意を得ることは、今の実社会では必ずしも重視されない。今の世論で大事なのは「上」の主導権だ。だから、震災時にそれを発揮できなかった菅直人首相に激しい非難が向けられた。強い主導権を行使する安倍晋三首相には、「強引」の批判があっても、一方で多くの人はそのリーダーシップを賞賛している。

ヨーロッパでは中世から「和」の実現が大きな課題であった。自治体でその長を選出するときや、教会で重要なポストに就くべき人を選ぶとき等は、その共同体の「和」、すなわち一体性を保つべく全会一致が原則だった。初期キリスト教会では、信者の共同体である教会はキリストの身体そのものだと考えられ、「教会内部の選挙は満場一致(ウナニミタス＝一つの魂、の意味)によるほかない」(利光三津夫他著『満場一致と多数決　ものの決め方の歴史』(日経新書、一九八〇年、三五ページ)と考えられた。しかし、「一つの共同体を維持するためにいかに望ましいとしても、そしてその共同体がいかに限定的なものであっても、心から全員一致で決定し、行動することは容易なことではない」(レオ・ムーラン「近代選挙と議決の技法に関する宗教的起源について」(L.Moulin,<<Les originies religeuses des techniques électorales et délibératives modernes>>,*Relectures, Politix*, t.43,1998 ,p.134.))。価値観の多様化が進み共同体の均質性が崩れれば、簡単には全会一致を得られない。そこで生まれてきたのが多数決というやり方だ。キリスト教会では一二～一三世紀にはそれが導入される。

全員一致ではない過半数の意思を共同体全体の意思とするために、政策の決定であれば採決を採る前の審議と修正が重要となる。選挙であればそのために選ぶべき人が絶対多数の支持を得るまで何度も投票を繰り返すという方法が採られたこともしばしばあった。現在でもローマ教皇を選出するコンクラーベは、膨大な時間がかかることで知られ、その様子が日本でも報道される。多様性を受け入れ、それを前提として一体性、すなわち「和」を実現することが手間暇をかけて模索されてきたのである。そして、それが日本国憲法も定める代表民主制や近代的な議会制、議院内閣制などに体現していった。これらの詳細は後でみるとして、ここでは、多様性をもつ構成員からなる共同体において「和」を創り出すことの難しさを確認しておこう。

権力の集中で新しい和は可能か

〈権力の集中は世界的傾向〉

現代においては、議会に集った代表が審議を通じて統一的な意思決定をしようとしてきた欧米の国々でも、行政の長に強い権限を与える仕組みを確立してきた。ただし、十七条憲法の「上」とはちがっているのは、行政の長を国民が直接選んだり（アメリカの大統領制）、議員の選挙を通じて実質的に選ぶことができたり（イギリスのような二大政党制の下での議院内閣制）する民主的な仕組みを通じて行政の長をコントロールし正当化できるところだ。そうすることで、多様化の中でも様々な行政サービスが効率的に実現できると考えられてきたからだ。近年民主政治の「大統領化」が論じられるとおり、それは世界的傾向だ。

一方、日本では、権限を集中すれば効率的に決定ができるわけではないことを、東日本大震災後のりもはるかに強大な権力を行使している。それでも満足な対応はとれなかったのである。それでもなお、権力の集中によって問題を解決すべきか、それができるのかを考えなければならない。

〈決定できる政治と議論〉

橋下徹大阪市長が、二〇一三年二月二八日付け読売新聞「憲法考」で示した見解をみてみよう。憲法改正すべきポイントとして首相公選制、参院の廃止、条例の上書き権など日本維新の会の掲げる「統治機構改革」の内容を示した上で「もう右肩上がりが望めない利害関係が複雑化した現代社会においては、政治の重要な役割は利害調整ではなく決定することです。ところが今の議院内閣制、二院制は政治の調整機能を重視し、決定が困難な仕組みになっている。国と地方の関係もぎくしゃくして、それぞれが責任ある決定ができていない」と述べている。

国家の各機関が責任ある決定ができていない、という指摘は当を得ている。だから、震災対応が満足にできなかったのである。他方で、橋下氏は二〇一二年二月一二日付け朝日新聞のインタビュー「覚悟を求める政治」で、「決定できる政治」がリーダーの独善にならないかと問われて、「議論は尽くすけれども、最後は決定しなければならない。多様な価値観を認めれば認めるほど決定する仕組みが必要になる。それが『決定できる民主政治』です。有権者が選んだ人間に決定権を与える。それが選挙だと思います」と述べている。

安倍首相の強いリーダーシップが各方面から強引だとされ、「決めすぎる政治」という批判を受ける現状をふまえるなら、橋下氏の後者の指摘の重要性を軽視するべきではない。責任ある決定を各機関ができるようにするためには、多様な価値観を尊重した議論を尽くす仕組みが不可欠だ。必要とされているのは、議論によって利害をオープンに闘わせあって着地点をさがす調整の仕組みと、責任ある決定の仕組みの双方だ。利害調整だけに拘泥すれば効率的な意思決定、国家運営は不可能となるだろう。しかし、利害調整の仕組みが充実しないまま、決定権が行政の長に集中するなら独裁に陥る。強い決定権限には多様な利害の調整による合意が必要なのである。未曾有の震災で多くの被災者が出ているのに、満足に対応ができないのは、この合意が欠けているのではないか。議論と調整の仕組みと実践、それを実践しようとする意識。これらこそ、私達の国に必要なのに、最も欠けているものではないだろうか。

議論にならない議論

〈他者の立場への不理解〉

それでは、議論と調整を不可能にして分断をもたらしているものは何か。例を挙げながら考えてみよう。集団的自衛権を容認する憲法解釈の変更は、国会の頭越しにまず閣議決定で行われた。閣議決定だから安倍首相は連立を組む公明党を説得できればそれですむ。自民党と公明党の間ではやりとりがあったが、憲法の根幹に関わる問題なのに、国会での議論は残念ながらお粗末だったと言わざるをえなかった。

特に印象に残ったのは二〇一四年五月二八日の衆議院予算委員会「集団的自衛権などに関する集中

審議」での、民主党岡田克也氏と安倍首相のやりとりだ。朝鮮半島有事に日本人を移動させる米艦船に対する攻撃に集団的自衛権を行使してこれを護るべきだ、ホルムズ海峡の機雷除去をしないと石油が輸入できず、国民の生命、財産を守れない。首相が示した事例について岡田氏は個別的自衛権や警察権で対応できる可能性もあるから個別に議論しようと述べた。そして、集団的自衛権を限定容認したい一心でいろいろな事例が出されているため議論が分かりにくくなっていると指摘した。

その時である。安倍首相は「分かってないんだから」とヤジをとばした。岡田氏は「分かっていないのは、私は総理の方だと思いますよ。ですからあなたは失礼ですよ。分かってないという言い方はね」と言い返している。自分の見解を容認しない人が「分かっていない」で片付けてしまうのは、異なる見解が成り立たないことを前提としているからだ。それはまた、相手の立場を理解する気がないことのあらわれだろう。「分断」の根本的な原因の一つだ。

〈問に答えぬ議論――「信じる」か否かの二者択一〉

二〇一四年七月一一日付け毎日新聞東京夕刊は「特集ワイド＝続報真相　集団的自衛権行使で犠牲は？　なぜ解釈の変更でいいのか？　核心答えぬ『安倍語』」と題する記事で、問に答えない安倍首相の議論の仕方を取り上げている。

まず、二〇一四年七月一日の閣議決定後の記者会見でのやりとりである。記者が「自衛隊員が戦闘に巻き込まれ、血を流す可能性が高まるという指摘があるがどうか」と問うと、首相は、「今次閣議決定を受けて、あらゆる事態に対処できる法整備を進めることによりまして、隙間（すきま）のない対応が可能となり、抑止力が強化されます。我が国の平和と安全をそのことによって、抑止力が強化されたことによって、いっそう確かなものとすることができると考えています」と述べる。問われているのは「我が国の平和と安全」が強化されるか否かではなく、自衛隊員が血を流す可能性が高まるという指摘をどう思うか、だった。

さらに、同年六月一一日の民主党海江田万里代表とのやりとりも取り上げられた。海江田氏が「油(石油)のために自衛隊員に命を捨てろというんですか」と問うと、首相は「機雷の除去は危険な任務であります(中略)自衛隊の諸君は身を危険にさらしながら日本人の命を守っているんです」「彼らに愛する家族がいることを知っています」と述べた。質問は「自衛隊員は石油のために命を捨てるべきか」だった。

また、海江田氏に「どうして憲法改正の手続をとる必要がない、閣議での変更だけでいいとお考えなのか」と問われ、首相は「アジア太平洋の安全保障上の状況は厳しさを増しています。(中略)安保法制懇(安全保障の法的基盤の再構築に関する懇談会)から出された報告について、与党において真剣に議論しております。議論の結果、政府として立場を決定し、閣議決定します。(中略)自衛隊が行動できるようにするためには法改正が必要であります。法改正の際には当然、国会でご審議頂くことになります」と述べる。結局、憲法改正が不要な理由は語られない。

NPO法人「情報公開クリアリングハウス」の三木由希子氏は、「再び戦争をする国になることは断じてあり得ない」とする安倍首相の言葉をきき、特定秘密保護法に関する二〇一三年一二月九日の記者会見で、知る権利が奪われ通常の生活が脅かされるようなことは「断じてない」と安倍首相が述べたのと同じだと思った、と同記事は紹介している。三木氏は「あの時と今、首相の言葉に共通していることは『私が言うのだから信用してくれ』と訴えるだけで、その根拠ははっきりしないことです。これでは首相を支持している人以外には届かない」と述べている。三木氏の言葉は、安倍首相の議論の仕方の問題点を分かりやすく示している。

毎日新聞の江畑佳明記者はこれを「安倍語」と名付け、それを野党が突き崩すのは「難しそうだ」と結んでいる。しかし、これは安倍氏だけにみられる特徴だろうか。二〇一四年六月の党首討論で、「他国で紛争が起こった時、その地域の日本人がアメリカ軍の艦船で脱出する場合」という例のリアリティを問う海江田万里民主党代表の質問に対して、首相は「最初から『こういう事態はない』と排除していく考え方は、『嫌なことはみたくない』というのと同じ」だと述べた。これを取り上げて作家の橋本治氏(二〇一四年七月八日付け朝日新聞「寄稿・議論を忘れた日本人」)は、「尋ねられたことに向き合わない。その代わりに近似した別の『自分の思うこと』だけを話して、議論は終了したことにしてしまう。なにかは話されたけれども、しかし疑問はそのままになっている。『なんかへんだな?』という思いが残るのは当たり前ですが、どうやら日本人は、そのこと自体を『おかしい』とは思わなくなっているらしい……」と述べる。

私達の周りにもこの種の議論が溢れていないだろうか。なぜそうなってしまうのか。その理由の一つはすでに述べたとおり自らと異なる見解を認められないからだろう。そうなれば、調整どころか対話そのものがなりたたない。では、なぜ自らと異なる見解そのものが成り立ちうることを知らないのか。その理由の一つは、物事を多面的に見ることができていないことではないだろうか。何事にもよい面も悪い面も必ずあるということは普遍的な事実だ。だから、どれほど入念に考えられた事柄でも必ず悪い面がある。違う価値観をもち、立場の違う人から見ればその点こそ大問題であるのは、ごく当たり前のことである。しかし、悪い面があることを想像できなければそれを指摘する人を「分かってない」と切り捨て、議論の余地がそもそも無くなってしまう。他者に対しては自己の考えを正しいと思うか否か、白か黒かの二者択一を迫る以外にない。

隠される情報——原発事故と放射線拡散情報

質問に対する答えが返ってこず、常に発話者が述べることが全面的に正しく、それを信じるか否かが問われ、信じない人は「分かってない」とされてしまうような議論のあり方は、情報の制限や隠蔽と結びつく。求められる事は「信じるか信じないか」であって、多面的に事実を知って物事を判断する、そのために議論をするなどということは不要どころか、混乱やパニック、停滞をもたらしかねない有害な行為とみなされるからである。

〈法に反してでも隠される情報〉

東日本大震災後の原発事故に関する情報の隠蔽は、内外から厳しい批判を受けた。中でも緊急時迅速放射能影響予測ネットワークシステムSPEEDIの情報が公開されなかったことは、放射線拡散が多いとSPEEDIで予測され、実際にも拡散がひどかった地域に住民を避難させるという重大な失策に結びついたこともあり、大問題となった。

周知のように、政府は、ＳＰＥＥＤＩによる予測に関する情報を公開することに極めて消極的だった。二〇一二年三月五日付け読売新聞「東日本大震災1年　原発報道検証　隠蔽体質　突き崩せず　福島第一原発事故を巡る動きと読売新聞報道」によれば、福島第一原発一号機で水素爆発が起きて周辺の放射線量が上昇した二〇一一年三月一二日頃から、同紙はＳＰＥＥＤＩを所管する文部科学省への取材を始めた。しかし、同省は「原発の機器故障で、正確な放出源情報が得られないこと等を理由に、予測データの提供を拒否した」。

高木義明文部科学大臣は、「正確な放出源情報が得られなかった」ことを理由としてあげ、単位放出量や予め設定した仮の値によって行ったＳＰＥＥＤＩによる予測情報を内部資料にとどめたと主張した。また、菅直人首相、枝野幸男官房長官、海江田万里経済産業大臣は、そもそも首相官邸にその情報はとどいていなかった、ＳＰＥＥＤＩの存在そのものもマスコミの報道で知ったと述べている。

二〇一一年六月三日と一七日の自民党森まさこ参議院議員による予算委員会、東日本大震災復興特別委員会での質問は印象的だった。菅首相は自分が福島第一原発に視察に行く際、ＳＰＥＥＤＩの予測情報を知った上で日程を決めていたことが明らかにされた。また、文部科学省も保安院対策本部も自らの指示でＳＰＥＥＤＩの予想図を作らせていたのに、官邸はその存在を「知らなかった」と主張し続けた。六月一七日東日本大震災復興特別委員会で森氏は、ＳＰＥＥＤＩの予測図を保安院や文科省がもっていたのに避難民に見せなかった、また避難指示に有効に使わなかったことは法律に則った正しい処分であったか、と問うた。

これに対して菅首相は、ＳＰＥＥＤＩの予想図が出されていたことが伝わっていなかったため、

「知らないことは判断しようがなかった」と答えている。森議員が示したとおり、原子力災害対策基本法によって定められた防災基本計画には「事故発生直後の初期段階においては、現地の放出源情報を把握することは困難であるため単位放出量、又はあらかじめ設定した値による計算を行う」と定められている。また、二〇一三年三月五日の読売新聞の記事でも述べられているとおり、SPEEDI運用規則にも、放出源情報が不明でも仮の数値で計算し、住民避難に活用すべきことが定められている。ところが、行政の長であり災害対策本部長であった菅首相は、これを「知らなかった」と堂々と述べたのである。行政は国会の定めた法律にしたがって行わなければならないとする法律による行政の原則を行政府の長はご存じないらしい。

〈情報を公開しない理由〉

政府は、震災から約二カ月もたったの二〇一一年五月二日になって、SPEEDIによりこれまで作成した五〇〇〇枚におよぶ予測図を公表すると発表した。その際、細野剛志首相補佐官は、それまで公表しなかった理由を問われて、「公表して社会にパニックが起こることを懸念した」と説明していた。本当のところ政府がなぜSPEEDIの情報を公開しなかったのかは定かでない。しかし、政府は国民に情報を提供したがらなかったことだけは明らかだ。愚かな民はパニックを起こすから情報をすべて提供しないほうがよい、政府を信じていればよい。「私が言うのだから信じて欲しい」というメンタリティーがここでも伺われる。

政府を信じるか信じないかの二者択一が求められ、多面的で多様な判断は「パニック」の可能性の名の下に排除される。そして、政府を信じた福島県民は避難先でまた被爆した。もちろんこの情報が公開され、利用されていたら政府が的確な避難指示ができたどうかは分からない。しかし、住民がどこに避難すべきか自ら判断はできたはずだ。しかし、知らされなければ「信じる」しかない。国が指示すべき避難先がどこなのか、専門家やマスメディア、国民が議論する余地も、判断する余地もない。これでも民主主義国と言えるだろうか。

責任を問われない公権力

しかも、信じた政府が過ちをおかしても責任を問う仕組みは十分にはない。例えば、福島第一原発のお膝元であった浪江町は、町ごと避難を余儀なくされた。浪江町の馬場有町長はSPEEDIの情報が公開されなかったために多くの町民が線量の高い地域に避難し、「必要のない被爆を招いたことは人道上許せない」として、業務上過失傷害罪などで国と県を告発することを検討していると報じられた。しかし、国や県に刑事責任をとらせることはおそらく容易でないだろう。

原発事故本体についても同様だ。原発事故を起こした東京電力の株主達が、原発の設置、運転につき求められる高度な注意義務を果たさなかった歴代の取締役の責任を追及する株主代表訴訟を起こしている。株主が会社の代わりに責任を果たさず会社に損害を与えた役員を訴える法的な仕組みがあるからである。しかし、原発を政策として推進してきた歴代首相を訴えたという話はきいたことがない。それどころか、原子力損害賠償法では、責任の所在を明確にする目的で、当該原子炉の運転等により原子力損害を与えたときは、当該原子炉の運転等に関わる原子力事業者がその損害を賠償する責めに任ずる（三条一項）と定め、続く四条では「前条の場合において、同条の規定により損害を賠償する責めに任ずるべき原子力事業者以外の者は、その損害を賠償する責めに任じない」と定めていて、国等はこの法律による損害賠償責任を第一義的には負わないことになっている。

それでも国家賠償法により国の責任を問うことはできるとは考えられる。国が規制権限を適切に行使しなかったために事故が起こり、損害が生じたとして、国の不作為責任を問うのである。実際、事故後に福島をはじめ、多くの地域でこのような賠償を国に対しても求める原発訴訟が提起されている。しかし、国は規制権限の不行使などの違法性は認められないと主張しており、これまでの同種の裁判の結果からすると、勝訴することは容易ではない。また、仮に勝訴したとしても、受けた損害や苦痛に見合う賠償額を得ることはおそらく不可能に近いだろう。二〇一四年八月には、福島県に住んでいた子どもとその保護者が国と県の安全対策に問題があったとして、一人一〇万円の慰謝料請求訴訟を提起した。この裁判の支援団体である「ふくしま集団疎開裁判の会」は、高額な慰謝料請求ではなく、国や県の対策が違法であることを確認するために一〇万円という請求額を設定したとしている。

失われる公権力へのコントロール

「信じる政治」は、違う考え方をもつ人との意思疎通をできなくして分断をもたらし、一つの選択のみが絶対的に正しく、それに従えば問題が生じることは「断じてあり得ない」ことになる。他の考え方をもつ者などいないことにして「和」が追及される。公権力が選んだ選択肢の抱える問題が明らかになるような情報は人々がパニックに陥るといけないので隠蔽される。その公権力の選択を信じるしかない私たちは、放射線が拡散する方向に避難させられ、「必要のない被爆」をすることになっても、国の責任を追及する方法はほとんどないに等しい。

分断の中で行われる「信じる政治」は、こうして公権力をコントロールする術を失っていく。

第二章　身近にもある「信じる政治」の弊害

突然「信じる政治」の犠牲者に

同種の問題は、私たちの身近にも溢れている。それは突然私たちを襲う。私の場合もそうだった。二〇一三年四月一九日、世田谷の区立中学校の二年生になったばかりの娘が、学校で大量の下剤を入れたオレンジジュースを飲まされるという事件が起こった。いじめとは何なのか、何が問題なのか、様々なことを実体験し、ルポか手記でも書かせてもらいたいと思うほど、悪い意味で興味深い現実を知ることになった。

娘のケースは、当事者にとっては大事件ではあっても、客観的に見れば自殺に追い込まれるような厳しいいじめが継続的にあったわけではないし、被害も「軽微」だから、「そんなに目くじらたてなくても」と思う人も多いだろう。しかし、学校や教育委員会の対応には注目すべきだ。自殺者がでて大問題になったケースとそっくりだからである。ことは公権力の「体質」の問題であり、それを許す制度と社会、私たちの意識のあり方の問題なのである。

例えば、滋賀県大津市の中学生がいじめを苦に自殺した事件（二〇一一年）は記憶に新しい。この事件を詳細に追った共同通信大阪社会部がまとめた『大津中2いじめ自殺　学校はなぜ目を背けたのか』（PHP新書、二〇一三年）をもとに振り返り、この事件と世田谷での私たちの事件がいかに共通しているかを示したい。いじめ問題そのものについて論じるのは本書の目的ではないので、ここでは、公権力、すなわち教育行政を担う学校、教育委員会の対応に焦点をしぼる。前章で示した首相や政府の国民に対する対応と驚くほど似ていることも分かるはずである。

事件の経緯と背景

〈大津では〉

二〇一一年一〇月一一日、滋賀県大津市の市立中学に通う中学二年生の男子生徒が、自宅のマンションから飛び降り自殺した。教室で殴られた上に顔を靴で踏みつけられたり、体育大会で手首を鉢巻きで縛られて粘着テープで口をふさがれたり、押さえつけられて口に蜂の死骸を押し込まれるなど、自殺した生徒は、仲良しグループだった友人たちから繰り返し暴力を受けていた。その上、「自殺の練習」までさせられていたという。

〈世田谷では〉

娘は前年度の末に吹奏楽部を辞めていた。まともに練習もせず遊んでばかりいる部員に練習をしようと訴え、練習の手伝いをしたことが一年上の先輩には気に入らなかったらしく、反発をかったためだ。同級生の加害生徒は、後に娘が「正しくて気に入らなかった」と述べた。入学式での演奏も残念なものだったらしく、娘の友達が「吹奏楽部、大丈夫なの？」と笑っているのをきいて、部員に「頑張った方がいい」と告げたのがよくなかった。二人の吹奏楽部員は、新入生向け部活動紹介の演奏を聴かせないようにするために、娘に下剤入りジュースを飲ませた。娘は激しい下痢に襲われた。

「リセットしましょう」――問題から目をそらす学校

〈大津では〉

「じゃれあい」では済まされないいじめになってしまっていることを指摘して、対処を求める声も生徒から上がっていた。殴られて保健室にたびたび来る様子をみて養護教員も担任に対処を求めた。しかし、学年担当の教員たちはわずか一五分の会議で「いじめの可能性があるから今後、注意深くみまもる」と結論づけるのみだった。

生徒が自殺した当日の二〇一一年一〇月一一日、記者会見で校長は「現時点ではいじめは把握していない」と述べた。しかも、学校内部の会議では「最初、いじめがあったと言わなくて正解だった。もし言っていたら、いまごろマスコミなどでたいへんなことになっただろう」、「まず内部（の人間）が、いじめで亡くなったと思わないことだ」との発言があったという（七九〜八〇ページ）。学校の先生たちのいじめに関するメンタリティーがよく表れている。学校は生徒の自殺後、全校生徒に対して二回にわたってアンケートを行った。そこには暴力をふるわれていたとの記述や「自殺の練習をさせられていた」などの記述が多くあったのに、大津市教育委員会は十分な調査をしないままこれを打ち切った。そして、生徒から「学校はウソをついている」という声も上がる中、教育委員会は記者会見で

「男子生徒はいじめを受けていたが、自殺との因果関係は判断できない」とした。

〈世田谷では〉

加害生徒の親に問い合わせても「普通のオレンジジュースだと言っている」との返答だったが、明らかにおかしいので、何を飲まされたのかきいてもらうように担任に依頼した。しかし、担任は真実を聞き出すことができなかった。しばらくたって、加害生徒の一人が別の生徒に「下剤を飲ませた」と話し、この生徒が娘にそのことを伝えてくれたため、事実が明らかになった。学校は再び加害生徒二人を呼び出して聴き取りを行い、ようやく下剤を飲ませたことを認めさせた。加害生徒が吹奏楽部の部室でクスリを砕いているのをみたという生徒もいたので、学校に吹奏楽部が関係している可能性が高いから調査してほしいと何度も依頼した。担任は「分かりました」と答えたが、その後、約一カ月この依頼を放置した。下剤を飲まされた娘はまた何かされるかもしれないと吹奏楽部員が怖かった。この間になぜか下剤を飲まされたことを教えてくれた生徒から日々いやがらせを受けるようになった。吹奏楽部員に怯え、いやがらせに耐えながら一カ月待ったが、学校は何もしてくれる気配がない。娘は意を決して担任に再度対応をお願いしに行った。

しかし、担任は自分たちで問題を放置しておきながら「もうだいぶ時間が経ったから対応は難しいかも知れない」と言った。そして、身を守る手段として娘がとっていたおびただしい数のいやがらせの記録を見て、なんでこんなメモをとっているのかと悲鳴を上げ、「リセットしましょう」言った。生徒が直面している問題を正面から受け止めようとせず、「リセット」して何事もなかったことにしようとする。そうした教員・学校の体質をよく表す言葉だ。「注意してみているから」。「何かあったら何でも言ってね」。慕っていた担任の言葉を信じていた娘は、この日放心状態で帰宅し、「先生にいろいろ言われたけど、思い出せない」と涙した。

形ばかりの調査で幕引き――成り立たぬコミュニケーション

〈大津では〉

学校は生徒の自殺の三週間後に全校集会を開き、今後、教育相談や学校生活に関する調査を充実させ、いじめの再発防止策をこうずると強調した。「リセット」である。生徒たちは「先生たちは間違っている」と反発したという。その理由は、次のアンケートに示されている。「一つの命の重みを伝えるのに、話し尽くせないくらい話すことがあるはず。命はそんなに軽いのですか。次のことを進めるには早すぎる」(九四ページ)。副担任複数制、教員間の連携強化、地域や保護者には学校参観、不満などを尋ねる善行迷惑調査など、学校はいじめに対する対策を打ち出した。しかし、保護者の信頼も回復しなかった。「学校全体の話ばかり。先生にわが事として受け止めてもらいたい」等、厳しい注文がつけられたという(九六ページ)。

生徒の自殺から約一〇カ月後の二〇一二年七月、マスコミで学校、教育委員会の隠蔽が取り上げられたのを受けて行われた緊急保護者会で、校長は冒頭、「本校がいちばん大切にしなければならない信用、信頼を損なったことについて、ほんとうにほんとうに深くお詫び申し上げます」と述べ、保護者の怒りをかった。「先生方は何も分かっていない。男の子一人亡くなったんですよ。なぜ、最初に黙祷ができないのか」。会場からは拍手が起きたという（九七ページ）。同じ日、学校の対応に不信を抱き、自分たちで先生に訴えていこうと考えた女子生徒は、校長が何を話すのかを自分たちの耳で聞きたいと校舎に忍び込んだ。先生に見つかって校舎の一室に誘導された彼女たちは、「いじめはなかった」と当初述べた校長は大嘘つきだ、担任にクラスメートがいじめを訴えた、「先生はみんな信用できない」と怒りをぶつけた。しかし、先生から納得できる説明はなかったという（九八ページ）。

学校は、生徒や保護者の気持ちをまったく感じ取れないかのように、起こったことから目をそらし、学校という仕組みを守ろうとした。学校にとって一番大切なことは、「学校の信頼、信用」であり、生徒たちの気持ちでもなければ、失われたかけがえのない生命でもないことが露わになった。

〈世田谷では〉

「リセットしましょう」「もう対応できないかも知れない」などの発言と対応に対する私の批判を受けとめ、担任は娘に謝罪し、積極的に問題の解決に取り組んでくれた。学校は、専任教員の顧問のいないまま主事に任せていた吹奏楽部の管理体制の不備を認め、適切な体制が整うまで活動を休止すると約束し、事実関係の調査を始めた。その調査によれば、加害生徒は一〇日も前から計画を練り、部室で「実験」と称してクスリを砕き、いろんなものに混ぜて色が変わって気づかれないものをさがしていたという。隠れてやっていたわけではないので、一〇名を超える部員がこれを見ていたことを認めたが、「何をしていたのかは知らなかった」というのが学校側の調査後の説明だ。被害者側が納得できる内容とは、ほど遠かった。

学校は聴き取りで加害生徒に何度もだまされ、事実を聴き出すことができなかったので、担任に「今度の調査では生徒たちが本当のことを言っている、吹奏楽部が事件に関与していないと考える根拠を示してください」と問うた。しかし、担任の彼女は黙り込み、何も答えなかった。

校長は、「近頃の子どもたちが事を軽く考えるのには驚く。今後、クスリの扱いについて子どもたちに教えるプログラムをつくる」と述べた。この学校の校訓は「真実に生きよう」であり、「事を真剣に考える」だ。私は、校長に部活の管理責任をとらず一カ月も雲隠れしていた校長こそ「ことを軽んじている」のではないか、と問うた。私たちは、特に娘に辛く当たっていた吹奏楽部の上級生たちの調査が不十分であること、それゆえ吹奏楽部が関与していないという説明には納得できないこと、吹奏楽部にはしかるべき処分をするべきであること、校長は謝罪だけでなく事件を引き起こした管理責任をとり、なぜそうしなければならなかったかを生徒にきちんと説明することを求めた。しかし、校長もまた黙り込むばかりだった。

質問しても、首相はそれに答えず自分の言い分だけを繰り返し、学校は黙り込む。コミュニケーションが成り立たないのがこの国の行政の特徴だ。自分たちが用意したことしかできず、それを批判されたら何もしようとしない。マニュアルがあるのか教育委員会の指示なのか、通り一遍の調査をし、薬品の扱いに関する教育プログラムなどの対策を示して幕引きをはかろうとする。「リセットしましょう」。ことが起こったときの教育行政を担う人達のメンタリティーをこれほどよく表す言葉はない。

この調査報告を境に学校は態度を変えた。自分たちが用意した調査が不十分だと批判されてももはや聞く耳をもたない。娘に何を言われても担任は「見守るしかない」としか答えないに等しかった。

学校は私たちに約束した適切な管理体制もできないまま、加害生徒二人の「自主退部」と校長による「指導」の後、吹奏楽部にはいっさいお咎めなしで活動を再開させる。

私たちは、再開を前に部活の顧問の主事と話をした。子どもたちだけでまともに練習できるように指導しないから、部室で良からぬ事をし始めるのではないかと問うと顧問は言った。「そんな、自分たちできちんと練習できないなら部活をしてはだめだと言うんだったら、東京中のほとんどの部活が成り立ちませんよ」。では、今後同じようなことが起こらぬように部活の管理に責任をもつのかという問いには、「私は好きでやっているわけではない。もう歳なので管理の質と量をあげるのは無理だと思う」と答えた。ひどい返答だが、この顧問は現実をきちんと把握しており、正直だ。

多くの部活は、熱心な先生が顧問を引き受けてくれている場合以外は、満足な管理も指導体制もないまま無責任に行われている。保護者の間でも部活の運営については不安と不満が多くある。しかし、世田谷区教育委員会にこの点を問うと、橘太造教育指導課長は、専任教員の顧問が不在で生活指導をする者がいないまま部活が行われていたことの非は認めるが、他の部活動は適正に行われていると「信じています」と答えた。しかし、問題が起こったことを認識してもなお世田谷区教育委員会に点検をする意思は全くなかった。レールに欠陥があって脱線事故を起こした鉄道会社が、「他の箇所は大丈夫だと信じています」と点検もしないようなものだ。これでは、生徒・保護者と学校、教育委員会という立場の違う者たちが問題を指摘し合い、話し合ってことを良い方向に導くためのコミュニケーションが成り立つ余地はない。

隠蔽体質

〈大津では〉

大津の事件で報道により大きく問題にされたのはまさに「隠蔽体質」だった。

自殺当日の記者会見で学校側は、「現段階ではいじめは把握していない」としていたことはすでに述べた。しかし、後に、自殺の六日前に自殺した生徒が校内のトイレで受けた暴力について、「いじめ行為」ととらえて教員が生徒を指導した経緯を生活指導担当教員が自殺当日「生徒指導連絡書」に記載し、校長に提出していた事実も明らかになっている。しかし、マスコミで厳しい批判を受けた後の二〇一二年七月一四日の記者会見でも、校長は「いじめに気づかなかった」とくりかえした（六七ページ）。報道陣から「教員は誰もいじめを疑わなかったのか、確認してください」と迫られたが、校長は「一般論として、ケンカがいじめにつながることが多いという話がされた。今回はそう受け止めなかった」と説明した（六八ページ）。「少なくとも教諭三人がいじめを認識していた可能性が高い」と認めたのは二〇一二年九月になってからである。

また生徒の自殺後に行った全校生徒を対象としたアンケートでは、暴力に関する記述は一三八件、金銭要求一三件、「万引きさせられた」一一件、暴言・いやがらせ一七三件の記述があった（二〇一二年七月九日読売新聞大阪夕刊「いじめ『暴力』一三八件　アンケート回答　実態明るみに　大津・中2自殺」）。また、一五人（一六人との報道もある）の生徒が「自殺の練習をさせられていた」と記述している。しかし、これらはいずれも人から聞いた話であったため、大津市の沢村憲治教育長は、二〇一二年七月四日の記者会見で「『自殺の練習』が事実だという確証が得られず、確実だと分かったものだけを公表した」と述べている。これに対して自殺した生徒の両親の代理人は「一五人もの生徒が『自殺の練習』に言及しており、情報の確度は高いのではないか」と話した（二〇一二年七月五日朝日新聞大阪地方版「市教委『すべて伝聞』生徒側『一五人言及、重い』大津中2『自殺の練習』」）。しかし、大津市教育委員会は、この点について加害生徒らに聞き取り調査をしなかった。その理由について問われ「事実確認は可能な範囲でしたつもりだが、いじめた側にも人権があり、教育的配慮が必要と考えた。『自殺の練習』を問いただせば、当事者の生徒や保護者に『いじめを疑っているのか』と不信感を抱かれるかもしれない、との判断もあった」と説明した（二〇一二年七月六日読売新聞「中2死亡『自殺練習』調査せず　大津市教委『加害者側にも人権』」）。いじめた側にも人権があるのは当然だが、これでは真相の究明は不可能だ。いじめた側の人権を盾に真相から目をそらせば、誰も責任を問われず、悲惨な事件が繰り返される。

市教委は遺族の希望で二〇一一年一一月にもう一度アンケートを実施したが、事実関係の調査も結果の公表もしないまま、「新たな情報は確認できなかった」と報告し、調査を打ち切っている。しかし、二〇一二年七月一〇日になって市教委は「葬式ごっこをした」「『自殺の練習』と言って首を絞めた」など、いじめを示す新たな回答があったことを明らかにした。これについて沢村教育長は「『葬式ごっこ』などの文言は、最近になって気づき、学校側に再調査を指示した」と語っている。見落としたというのが教育委員会の言い分だ。教育評論家の宮川俊彦氏は「情報を小出しにする大津市教委の対応は、社会からの批判をかわすのに精一杯に見える」と指摘した。教育評論家尾木直樹氏はもっと厳しく批判した。「度をこした隠蔽で、意図的にいじめがなかったことにしているのではないか。

命をかけて訴えた生徒に対する誠実な思いは全く感じられず、遺族の感情を踏みにじるものだ。学校や教育に対する不信感を拭うためにも、徹底的な真実の解明が必要だ」と述べた（二〇一二年七月一一日読売新聞「中2いじめ自殺　『葬式ごっこ』『首締め』回答も」）。

〈世田谷では〉

この間、学校に対して再三連絡は文書でお願いしますと申し入れたが、学校はこれを受け入れなかった。複数の教員が「教育委員会から保護者と文書でのやりとりはしないように指導されている」と発言した。「言質をとられないように、証拠を残さないように」しているとしか思えない。弁護士に尋ねてみると、学校・教育委員会はどこも一緒で、文書を残さないことに関しては徹底しているという。しかし、二〇一三年七月に世田谷区教育委員会の橘教育指導課長にこの点を手紙で問うと、そのような指導はしていない、現に自分もこのように手紙を書いている、との返信があった。たしかに文書は届いたが、その内容は、こちらの問いには全く答えず、ただ会って謝罪したいと繰り返すばかりだった。複数の教員か教育委員会のどちらかがウソをついているということだ。いずれにしてもはっきりしたことは、文書でのやりとりのできない世田谷区の教育行政は、税金を使って公的なサービスをしているにもかかわらず、文書で言質をとられては困るような仕事しかしていないということだ。これが「隠蔽体質」の根本だろう。後に真相究明のために弁護士を通して吹奏楽部員に対して行った学校の調査の公開などを求めたが、教育委員会は大津市同様、個人情報などを盾にして頑としてこれを受け付けなかった。

責任を追及できない——にやけ顔で「かわいそう」

〈大津では〉

自殺した生徒の父親は、大津署に三回に渡って相談にでむき被害届を出そうとしたが、大津署はこれを受理しなかった。後に「被害者が死亡しており遺書もなく、事実認定に困難な部分があった。拒否する意図はなかった」と同署は釈明しているが、これを受理し、捜査に乗り出したのは、マスコミで大きく報道された二〇一二年の七月になってからである。

また二〇一二年二月二四日、いじめを行った同級生三人と保護者及び大津市を相手取って損害賠償請求訴訟を提起した。当初過失責任を認めなかった大津市は、自殺という最も避けるべき結果を招いたことに対し、過失があり損害賠償責任を負うことを認めた。しかし仮に和解が成立したとしても、自殺した生徒の苦しみ、遺族の労苦に見合う損害賠償が認められる可能性は高くない。遺族はそのことを百も承知で闘っているに違いない。

しかも、私立学校なら教職員の責任追及もできるが、公立学校の場合、担任など教職員の責任を問う損害賠償請求は認められない。なぜなら公立学校の教職員の行う職務は「公権力の行使」だからである。最高裁は昭和五二年一〇月二五日「公権力の公使に当たる国又は公共団体の公務員が、その職務を行うについて、故意又は過失によって違法に他人に損害を与えた場合には、国又は公共団体がその被害者に対して賠償の責に任ずるのであって、公務員個人はその責任を負わないと解するのが、相当である」と判示しているのである。私たちの多くは、公務員は税金から給料をもらっているのだからそれに見合う責任を国民・市民に負うべきだと思っている。しかし、現実はそうなっておらず、「親方日の丸」とはこういうことを言うのだという格好の例を示している。

残るのは懲戒処分だ。関係者はどのように責任を問われたか。二〇一三年二月二六日、滋賀県教委育委員会は、生徒へのいじめに適切に対応するための体制作りを怠ったとして校長に減給一〇分の一（一カ月）の処分を下し、教頭二名を文書訓告、学年主任を厳重注意処分とした。また、市教育委員会教育部次長は戒告、学校教育課長、同補佐を厳重注意処分とした。さらに、事件後病気で休養中だった担任教諭に対しては、二〇一三年五月一七日減給一〇分の一（一カ月）の処分が下された。

みなさんはこれらの処分をどう感じるだろうか。担任の処分について越直美大津市長は「非常に軽い処分だ。一人の子どもの命が失われたことをよく考えてほしい」と批判した。自殺した生徒の父親も「いじめに対する元担任教諭の不適切な対応を考えると、今回の処分はあまりに軽い。また、息子の死から一年半もの時間が必要だったことも納得がいかない。市の第三者調査委員会の判断や指摘がなければ、学校や市教委はいじめの真相も明らかにすることもできなかった。また教員の責任を問うこともできなかった。学校、教育現場に、より良い教育現場を作ろうとする意欲が感じられないことを改めて思い知らされ、がくぜんとする思いだ」とコメントした（二〇一三年五月一八日読売新聞大阪朝刊「いじめ元担任処分　大津市長『非常に軽い』」）。

これに対して、二〇一三年五月二三日付け京都新聞「滋賀県教育長『処分は相応』　元担任減給越市長の批判に反論」によれば、処分を下した滋賀県教育委員会の河原恵教育長は、越市長の批判に対して、「市教委からの報告や他県の事例を参考にした判断で、相応の処分だった」と説明した。市教委からの報告には、担任が「いじめを認識していたとの記述はなかった」とし、他県で担任がいじめに加わった事例でも減給処分だったことなどから減給処分の判断をしたとしている。

私は、担任がいじめに加わっても減給処分程度の責任しか問われないのが「あたりまえ」であることに驚きを禁じ得ない。さらに驚くことは、いじめ問題で校長の監督責任を問い、処分するのは異例だということだ。校長等の処分を報じる二〇一三年二月二七日付け産経新聞(大阪朝刊)「大津自殺校長に減給処分、退職　滋賀県教委『いじめ対応怠る』」は、「県教委によるといじめ問題で、校長の監督責任を問い処分するのは異例で、北海道滝川市の小学校や福岡県筑前町の中学校、東京都中野区の中学校で例があるのみ。校長らの責任を指摘した市の第三者調査委の最終報告書などを踏まえ決定。理由についてほかに、教員らへの指導・監督を怠ったことや保護者や社会に説明責任を果たさなかったことなども挙げた」と報じている。

教育課程の編成から生徒の懲戒、教職員の服務監督や勤務評定にいたるまで、学校の管理運営に大きな決定権をもつ校長は、いじめについては通常は監督責任がない、権力に見合う責任は負わなくてよいと言うに等しい。

〈世田谷では〉

大津のあれほど痛ましい事件でもこのとおりであることと比べれば当然のことではあるのだが、私たち親子が痛感したことは、責任を追及する方法は無きに等しい、ということである。

加害生徒の行為は明らかに刑法二〇四条に定める傷害罪に該当する。しかし、相談したどの弁護士も刑事告訴には消極的だった。その理由の一つは、将来ある子どもに苛烈な刑事罰を科すのは適切ではないというものだ。この点に関しては基本的に同意できる。もう一つの理由は、「警察が告訴を受理しないだろう」というものだ。加害者が事実を認めていてもこの程度の被害では警察はなかなか動かないのが現実のようだ。「下剤を飲ませた」という事例は、刑法で傷害罪を学ぶ時によく出てくる基本的なケースだ。だが、法律家が学んだ基礎的な事例は現実には意味をなしていない。

民事裁判も同様である。加害生徒とその保護者に損害賠償請求をすることは可能だが、損害額が多くないこともあり、もし勝ったとしても場合によっては賠償額八万円などという事例もある、とある弁護士事務所では言っていた。別の弁護士も、「費用倒れになる可能性が高い」と教えてくれた。勝訴しても弁護士費用の方が高くつくくらいの賠償しか得られないのである。アメリカのような懲罰的慰謝料も認められない日本の損害賠償請求訴訟では、裁判所が命ずる賠償額は少額で、このために泣き寝入りしなければならないケースも多い。学校に対する損害賠償訴訟も同様だ。また、原告側が学校の管理責任の懈怠、注意義務違反などを証明しなければならない上に、公立学校の場合は「公権力の行使」にあたるので、先に述べたとおり個別の教職員の行為について責任を問う法的な道はない。部室の管理に問題があって事件がおこっても、顧問をやりたくてやっているわけではないし、今後監督の質を上げる気もないと開き直る主事に法的責任を問うことはできないに等しいのである。

もちろん、誰も懲戒処分を受けることはなかった。校長は、加害生徒二人を吹奏楽部から退部させた。しかし、校長自身は吹奏楽部の管理運営に著しい不備があったことを自らの責任であると認めているにもかかわらず、一切責任をとることもないし、責任を問われることもなかった。しかも、吹奏楽部の管理体制の不備を補うために自らが顧問となって生徒の生活面の指導をすると表明して部活を再開したにもかかわらず、一カ月もしないうちにこれを投げだし、二〇一三年七月末に「一身上の都合」で辞職した。そして年度がかわった二〇一四年の四月には別の世田谷区立中学校で校長職に復帰している。「逃げた」という印象をもつのは被害者の家族だからだろうか。

その二〇一四年四月、私達は弁護士とともに世田谷区教育委員会を訪ねた。弁護士が申し出た学校での実地検証と加害生徒への聞き取りを教育委員会は断り、委員会での面談ならすると言ってきたからである。その席で年度がかわって新たに着任した斉藤等教育指導課長は、弁護士にこの件をどう思うかと問われ、「かわいそうだと思う」と答えた。弁護士は、責任ある立場の人が「かわいそう」などと他人事のような発言をするべきではない、撤回すべきだとたしなめたが、「あ、そうですか。失礼しました」とにやけ顔のまま答えるのみだった。この面談の最後に何か言いたいことはないかと問われた娘は、「指導課長さんは、ずっとヘラヘラして『かわいそうだ』なんて言っていますけど、本当のところこのことをどう思っているのですか」と言い放った。当事者として我慢ならなかったのだろう。指導課長はにやけの止まらない頬を叩いてみせたが、まともに問いに答えることはなかった。そして、一カ月の検討の後、私達がこの席で要望した吹奏楽部員への調査の公開、実地検証、加害生徒の聞き取り調査をすべて断った。彼らは責任を問われることがないことを知っている。にやけ顔で同情してみせ、適当に頭をさげておけば済むと思っているのである。

大きな相異――首長による第三者委員会設置

〈大津では〉

私たち家族が体験した世田谷の事例と大津の事件ではいくつか大きな相異がある。そのうち教育行政のあり方という本章の目的とも密接に関わる最も重要な違いは、首長の対応だ。大津には行政を担う責任ある立場の人の中に、事を重く受け止める人物がいたのである。

大津市の越直美市長は、父親に対して学校や市教育委員会の調査が不十分であったことを認めて謝罪し、市長の下に第三者委員会を設置した。委員らは毎回会合後に遺族と面会して内容を報告、記者会見でも進捗状況を伝えて、透明性を確保した。委員会は六人の委員のうち三人を遺族側、他の三人を市側が推薦者を選んだ。委員会の調査は五カ月に及び、段ボール一〇箱分の資料の精査とともに教員、生徒らへの六二回におよぶ聴き取りを行い、事実経過を徹底的に分析し、いじめがあったこととともに、それが自殺の直接の原因であると結論づけた。この第三者委員会は、今後のモデルとするに値する成果をあげた(共同通信大阪社会部前掲書一七八~一八五ページ)。

〈世田谷では〉

これに対して世田谷の保坂展人区長は、ほとんど関心を示すことがなかった。保坂氏は、中学校時代の学生運動等が内申書に記載されたため受験した高校全てで不合格となったのは、学習権・思想良心の自由の侵害にあたるとして損害賠償訴訟を提起したことで知られる。政治家になる前は教育ジャーナリストとして活動していた。いじめにかかわる著書もあり、教育に対しては一方ならぬ関心をお持ちであろうと期待して、区長に対して学校の現状、学校・教育委員会の対応を説明し、越市長の行動の例も挙げながら、しかるべき対応をお願いしたいと手紙を書いた。しかし、区長からは2回目の手紙にようやく返事が来たものの、「本件の早期解決に向け、いただいた内容を教育委員会に伝えるとともに、対応を指示いたしました」、「すみやかなる解決にいたる道を、私も報告を受けながら考えてまいります」とするのみだった。もちろん、教育委員会の対応は特になく、すみやかなる解決にいたる道はなんら示されなかった。その後の変化は、校長が逃げるように辞職したことだけである。

教える側は問われぬ責任——人権観の反映〈教える側の規範意識は?〉

共同通信大阪社会部による『大津中2いじめ自殺事件　学校はなぜ目を背けたかのか』のなかで非常に印象に残ったのは、「健次の学校ではその後も、先生たちのあいだで、自分たちと健次や加害者側の三人とのかかわりを自主的にふりかえり議論する雰囲気は見られない。それでも『命の授業』が行われ、仲間の大切さが語られる」(同書一〇四ページ)という一文だ(なお、同書では自殺した生徒に健次という仮名を用いている)。

生徒たちは先生の「命の授業」に説得力を感じるだろうか。いや、そもそも先生たちの言葉を真に受けようとするだろうか。形通りの調査をすませ、持っている情報はなるべく隠し、早々に再発防止策を提示して一件落着をはかるのに必死になっていることが生徒に伝わらないわけがない。「命の授業」で語られる仲間の大切さは、リアリティを伴わないお題目として受け止められ、教師はウソっぽ

い お題目を並べることしかできない人達とみなされるとしたら、誰も授業は聞かないし、先生の言うことなど真に受けないだろう。生徒に対するコントロールを失ってしまうのも無理はない。

安倍晋三首相が好んで用いる言葉を借りれば、大きな問題の一つは、教員、学校、教育委員会の規範意識が低すぎることではないだろうか。安倍首相は、中学校での道徳の教科化を目指している。

二〇一四年二月三日の衆議院予算委員会で次のように述べている。

学校でいじめを苦にして子どもたちがみずからの命を落としているのも事実でございます。そうした規範意識をしっかりと身につけていくことも大切なことでありまして、そういういじめをする子どもたちはもともとそういういじめる子どもではないわけでありますから、こういういじめという行為はひきょうな行為である、いじめなんかしちゃいけないということも規範意識としてしっかり教えていくことも大切なことではないか、とこう思う次第でございます。

子どもたちが「いじめなんかしちゃいけない」という規範意識をもつことは大切なことだ。しかし、安倍首相の構想ではそれを教える立場にあるはずの教員、学校、教育委員会に、いじめで失われた命に正面から向き合うだけの規範意識すらないなら、この構想に意味はないのではないか。

〈いじめ防止対策推進法――想定されない学校・教育委員会の人権侵害〉

二〇一三年六月二八日に制定されたいじめ防止対策推進法は、「『いじめ』とは、児童等に対して、当該児童等が在籍する学校に在籍している等当該児童等と一定の人的関係にある他の児童等が行う心理的又は物理的な影響を与える行為（インターネットを通じて行われるものを含む。）であって、当該行為の対象となった児童等が心身の苦痛を感じているものをいう」と定義を明確にし（二条一項）、「児童等は、いじめを行ってはならない」（四条）と定めた。いじめ防止のために、学校がとるべき基本施策や措置も多く定められた。

二五条では、校長及び教員は、児童等がいじめを行っている場合に教育上必要があると認めるときは、当該児童等に対して懲戒を加えるものとされ、第二六条では、市町村の教育委員会は、いじめを行った児童等の保護者に児童等の出席停止を命じて、いじめを受けた児童等が安心して教育を受けられるようにするために必要な措置を速やかに講ずるものとするとされ、子どもたちには懲戒や出席停止の措置が執られることが明記された。

しかし、世田谷の例で明らかなように、教育委員会、学校長、教員が事実を隠蔽し、子どもの気持ちを無視してまで早期の幕引きをはかり、多くの部活が問題を抱えている可能性があっても何もせず、にやけ顔で「かわいそう」だと言い放っても、懲戒を受けることは定められていない。子どもに対しては制裁を強化するが、相変わらず校長の監督責任を問い処分するのは異例だし、いじめに加わった担任でも減給処分ですむのである。これは、公権力は人権を与えてくれる正義の味方だと信じてしまう私たちの憲法観・人権観・権力観の反映でもある。

これでは、教育行政を担う側の意識や行動が変わる可能性は低いのではないか。そうだとしたら、どのような道徳教育を彼らが施したとしても、生徒たちは規範意識を高めないだろう。そして、学校は、いじめ防止の基本方針を定め（一三条）、啓発その他の措置（一五条二項）、いじめ早期発見のための定期的な調査などの措置（一六条一項）、通報、相談体制の整備（同三項）など、多くの仕事を与えられ、これらの責務を果たすだけで精一杯にはならないだろうか。また、「法で定められたことをやっているのだからいいだろう」と、ますます形ばかりで一方的な、生徒に目を向けることのない、コミュニケーションの成り立たない対応で幕引きをされる場面が増えるのが目に見えるようだ。

私達の対応策

〈「期待しない」あるいは「諦めない」〉

私達の対応方法は二つ考えられる。第一は、公教育、学校に期待をかけるのをやめてしまうことだ。私たちは何もかもを公教育、学校に依存しすぎなのかもしれない。そう考えることにして、学校には教科だけを教えてもらえば十分だと考える。生徒の規範意識を高めることを含めた人格形成など、私たちが過剰に学校に期待してきたことを自ら引き受ける。学校内の安全管理も学校側には期待できないので、親が自ら行うか、警備員を雇う。人間関係を学ぶ場も学校以外に親が提供する。教科以外の様々な教育をも学校に期待する人達は、しかるべき私立学校に子どもを入学させよう。

第二の方法は、公教育、学校をあきらめないことだ。そのために公教育の質を高め、いじめを少しでも減らしていく道を諦めないことである。いじめへの対策についてはすでに多くの論稿があり、対策も提案されているのでここで再論はしないが、①行政の監視を継続的に行う、②教育に携わる者に責任を負わせる、という二点が重要であることを強調したい。以下に、この二点につき、具体的に説明する。

〈行政には継続的な監視を――有効だったマスコミの批判〉

一つは、社会全体による監視が効果的だということだ。大津の痛ましい事件が起こったのは二〇一一年の一〇月だった。しかし、この事件が真相究明にむけて大きく動き出したのは、それから九カ月もたった二〇一二年七月、マスコミが大々的に隠蔽を報道しはじめてからである。

いじめ問題は過去にも何度か大きく報道され、そのたび社会問題として注目された。一回目は、一九八六年、東京都中野区の富士見中学校の二年生が自殺した事件だ。この事件では、いじめを繰返していたグループが「葬式ごっこ」を行い、それに担任も荷担したことが大きな衝撃を与えた。二回目は、一九九四年、愛知県西尾市立東部中学校の二年生が自殺した事件である。亡くなった少年が残した遺書が後に見つかり、無理矢理、川に顔を漬けられとても怖かった、何度も万単位のお金を要求された等という事実が明らかになり、大きな社会問題となった。三回目は、二〇〇五年九月、北海道滝川市の小学六年生がいじめを苦に自殺を図り、翌年一月に亡くなった事件である。滝川市教育委員会は、二〇〇五年一一月に聴き取り調査を行ったが、いじめは無かったと結論づけた。しかし、これに納得できない遺族は二〇〇六年九月、遺書をマスコミに公表した。キモイといわれてつらかった、差別されるようになった、冷たくされているような気がしてとても悲しくて苦しくて耐えられなくなったので自殺を考えました。遺書にはそう書かれていた。二〇〇五年一〇月には遺書を遺族が校長室で読み上げ、職員が内容をメモしていたという。それでも、「いじめは無かった」と発表したことについて、滝川市教育委員会は「(いじめを訴えていたという)言葉だけが先行することに慎重になった」と釈明した(二〇〇六年一〇月一日読売新聞「滝川の小6自殺　市教委『いじめ訴え』隠す『原因書かれていない』」)。

これらの事件が報道されるたび、文部省に設置された会議や首相直属の教育再生会議が緊急提言を行い、対策が講じられた。そして、四回目の大津の事件をきっかけに、いじめ防止対策推進法が作られた。

何年かに一度痛ましい事件が起こった時にしか教育行政は動かず、また同じ事態を引き起こし、隠蔽を繰り返すとも言えるが、マスコミが問題を報じ、これに対して社会が注目するたび、事態は進展してきたとみることもできる。公権力は常に市民、国民の目にさらされ、批判を受けなければ、事態の放置や隠蔽に走るものである、ということがこの流れをみても分かる。だから、公権力には継続的な監視が必要なのである。

そのために憲法が用意しているのは、表現の自由、報道の自由であり、その前提として不可欠な知る権利である(日本国憲法二一条)。取り上げてきた事例でも分かるとおり、公権力は情報を隠したがる。これをいかにコントロールするかは憲法上の大きな課題だ。さらに進んで公権力が報道そのものを規制することになれば、監視は全く成り立たない。教育委員会や学校の隠蔽を明らかにし、抜本的な対策をとることはできなくなる。憲法学が民主主義のために表現の自由を極端なまでに重視するのはそのためである。

〈権限に見合う責任〉

二つ目は、繰り返し言及してきたとおり、立場の強い者、決定権や権力を持つ者に、それにふさわしい責任を負わせることだ。そうでなければ、学校や教育委員会のような組織が生徒や国民のために誠意をもって対応するようにはならない。生徒より教職員、教職員より校長をはじめとした管理職、管理職よりも教育委員会がいじめの排除についてより重い責任を負うべきだ。絶えずにやけ顔で「かわいそう」だと他人事のように同情してみせ、形ばかりの謝罪をすれば済むのでは、体質は変わらない。

すでに述べたとおり、いじめ防止対策推進法ができ、生徒への懲戒等は定められたが、学校・教職員は一般的に果たすべき責務が定められ、それを実現する措置を列挙したのみで、どのように責任を負うかについては極めて曖昧なままである。いじめの撲滅を国を挙げて目指すのなら、校長・教育委員会が負うべき責任、取るべき責任を明記する立法が必要である。そしてまた、その立法を実現させるのは私たち国民だ。国民は、「信じる」だけでは救われない。

「日本人の法意識」と憲法

〈権力の自制心への依存〉

公教育に期待するのをやめるにせよ、それを日常的継続的に監視して権限に見合う責任を負わせるようにするにせよ、これまでどおり「信じる政治」に何でも「おまかせ」するかわりに何があっても泣き寝入りしているわけにはいかない。

『日本人の法意識』(一九六七年、岩波新書、五七ページ)で、戦後日本を代表とする民法・法社会学者川島武宜氏は、大日本帝国憲法下の政府と国民の関係と法意識を論じて次のように述べた。

そこでは、政府と国民との関係が法律によって支配されるということの客観的な保障はどこにもない。国民はただ政府の自制心に頼るほかない。そうして、その「自制心」によって裁判上どのような結果があらわれたかは、右の裁判例のとおりである。だから、政府と国民との間には、前に言ったような意味での「法的」関係はない。すなわち、国民の側には「権利」はない。政府と国民との関係を規定する多くの法律はあったが、それらの法律は政府の役人のための覚え書きのようなもので、それに違反した場合に、違反した役人が上役から叱られたり罰せられたりすることはあるかもしれないが、ないかもしれない。

ここで語られている裁判例とは、旧憲法下では、消防自動車が故意に人をひいても政府は責任を負わない、国立大学医学部の教授が手術でミスをしても責任を負わない、判事が故意に間違った判決を下して刑事被告人を刑務所に入れても責任は問われない等の判決で、いずれも公務員の職務上の行為は「公権力の発動」にあたるから、特別の定めがない限り損害賠償責任を負わないという理由によるものだ。日本国憲法ができても、いじめの被害者が学校を訴えても弁護士費用もまかなえないような賠償しか得ることはできないし、教師は責任を問われない。これでは、国民と公権力の関係は明治憲法下と大きく変わらなかった、といえるのではないか。

〈権利の関係に――国民と政府〉

川島氏は、日本国憲法が第三章で国民の権利を規定することの意味を理解するために、これらの旧憲法下の法意識を論じた。旧憲法下では、政治権力の主体である政府は国民に対して優越的な力をもち、国民との間には事実上平等対等な関係は成り立たない。「これを、少なくとも法の平面では平等の関係――すなわち『権利』の関係――として処理する努力」が日本国憲法の基本的人権の規定である。川島氏は、このような権利の意義を理解することは、単なる憲法の歴史的意義の理解にとどまらず、「われわれ国民の重大な利益を守る事ができるかどうかに関係する」と指摘した。そして、「憲法において政府と国民の関係が『権利』の関係として規定されているということが、単なるイデオロギーの宣言以上に現実的なものとなるかどうか」について論じて次のように述べた(五九～六〇ページ)。

すべてを政府権力の自制心に依存するということは、事実上の力の弱者が事実上の強者の優越した力に依存することを意味し、「権利」を規定するという憲法の根本の趣旨に矛盾する。憲法が集会結社の自由・表現の自由・学問の自由等を保障するのは、これらの自由をとおして政府と国民の間の事実上の力の均衡をはかり、それによって「権利」の実質的な基礎をつくりだす、という機能をもつからだ、と考えざるを得ない。言いかえれば、憲法上の国民の「権利」を実質的に維持するための方法としては、政府と国民の間の力関係の均衡をはかるということが、きわめて重要なものとなる、と言わねばならない。そうして、このような意味での力の均衡は、国民が憲法上の「権利」を知り、これを守る決意のもとに、権利を擁護する行動をとるということによってしか実現され得ない。

憲法に何が定められていても、それを実現するのは私たち国民だ。法に規定さえあれば「信じる政治」に「おまかせ」でそれが実現されるわけではない。

例えば、憲法は冤罪を引き起こさぬよう刑事手続について詳細な規定をおいている。中でも、日本の刑事司法の最大の問題点として国際的にも批判されているのは十分な証拠なしに自白を根拠に有罪とする自白の偏重だが、日本国憲法は厳格な規定をおいている。つまり三八条一項で「何人も自己に不利益な供述を強要されない」、二項では「強制、拷問若しくは脅迫による自白又は不当に長く抑留もしくは拘禁された後の自白は、これを証拠とすることができない」、三項では「何人も、事故に不利益な唯一の証拠が本人の自白である場合には、有罪とされ、又は刑罰を科せられない」。しかし、憲法の規定どおりに現実は動いていないのである。

冤罪を例に立憲主義の必要性を説いても、現実的には三八条が機能していないことを理由に、「冤罪を防ぐため」というのは、憲法と立憲主義が必要とされる理由を示す例になっていないのではないかという批判を受けることが多々あった。はたしてそうだろうか。どんなに最新式のロックがついた家でも、それを使う人が鍵をかけないなら何の意味もない。私たちは世界と比較しても見劣りしないロックをもっている。しかし、それを十分に使うまでには未だ到達していないのである。

第四章　政治の分断——直接民主制の功罪

「国権の最高機関」国会の失墜——直接民主制

〈憲法の代表（間接）民主制〉

日本国憲法は、まず前文冒頭で、「日本国民は、正当に選挙された国会における代表者を通じて行動」すると明記し、国民主権を宣言すると同時に「その権力は国民の代表者がこれを行使」するとしている。さらに、国会について定める第四章の第四三条では、「両議院は、全国民を代表する選挙された議員でこれを組織する」と定め、代表民主制・間接民主制を自覚的に選択している。そしてこの仕組みにとって最も重要な役割を果たすことが期待されているのは国会であり、それ故に国会は「国権の最高機関」（四一条）という称号があたえられている。

では、私達はその代表民主制をどのように学んできただろうか。

間接民主制（代表民主主義、代表民主制）　国民が自ら選んだ代表を通じて、間接的に国民の意思を国家意思の決定と執行に反映させる民主制のしくみ。直接民主制が困難である場合に、民主主義の理念をできるだけ実現しようとする制度である。国民が選挙によって議員を選出し、議員によって政治が行われる政治のしくみ。

高校生が「政治・経済」の勉強に使う山川出版社の『政治・経済用語集』(政治・経済教育研究会編、改訂版、二〇〇九年)では代表民主制についてこのように説明している。同書によれば、民主主義とは「国民の意思に従って政治を行う政治体制」だ。そして、直接民主制が困難な場合に「民主主義の理念をできるだけ実現しようとする制度」が代表民主制だとされている。つまり、直接民主制こそ本来の民主主義と考えられているのである。同じく同書によれば直接民主制とは、「国民が直接政治運営に参加するしくみ」であり、「大規模で複雑な現代国家でも、国民発案・国民投票・国民解職などの制度が導入され、国民の意思を政治に反映させる制度がつくられ、間接民主制を補うものとして採用されている」と記述されている。

私達の多くは、この様に民主主義を教わってきた。国民の意思に基づく政治が民主主義だから、直接国民が意思決定するのが本来の姿だが、大きな国ではそれは無理なので代表民主制を用いるが、憲法改正などの大事なところでは直接民主制を使わなければならない。代表民主制は直接民主制のかわり、代替物だからである。

〈直接民主制に近づける仕組み——例えば政党〉

なぜ憲法は代表民主制を原則として採用しているのかは後に説明する。ここでは、代表民主制は本来の民主主義と考えられる直接制の代替物であるという私達の民主主義観に対応して、現実の政治はなるべく直接民主制に近づくように工夫して運営されていることを示す。

例えば、国民の意思が政治になるべく直接反映されるようにする仕組みとして政党がある。多くの政治家は政党に所属し、政党の政策をかかげて選挙に臨み、それへの支持を訴える。政策は、有権者との約束としてマニフェスト等としてまとめられる。国民はその政策をみて投票すべき人・政党を選ぶ。当選すれば、議員はその約束を果たすべく、国会で政党がマニフェスト等にかかげた政策の実現に努める。その政策を実現する法律案が採決にかかれば、有権者と約束したとおりに法案に賛成票を投じる。そして、国会の各議院で過半数の賛成を得てその法案が成立し、それを政府が実行すれば、有権者との約束を果たしたことになる。

簡単に例を示して確認しておく。A党は次のように訴えて選挙をたたかう。「福祉を必ず充実させます。そのために消費税を一〇％に上げさせてください。有権者のみなさんへのご負担も、必要なものは正直にお願いするのが我が党の方針です」。これに対してB党は、「福祉の充実は当然必要ですが、まだ国家の無駄遣いはたくさんあります。これを整理することなしに増税をお願いすることはできません。我が党に支持をいただければ、早急に無駄を排除し、財政を健全化しつつ福祉の充実をはかります」と訴えた。こうして政党の政策をかかげて当選したA党議員が議院の過半数を占めれば、消費税を一〇％に上げる法律が成立し、その政策が実現されることになる。

このように、今の政治では政党が国民の意思を政治に反映させるために重要な役割を期待されている。

〈羽交い締めされる議員〉

こうして私達が「本来の民主主義」と教わってきた直接民主制に近づくように、憲法の代表民主制は運営されてきた。しかし、その結果、多様な見解を出し合ってより広い合意をつくるという国会、国会議員の果たす役割は極端に小さくなっている。なぜなら議員は議論による合意形成の余地はなく、政党の政策をマニフェスト等としてかかげて選挙に当選し、有権者との約束を果たすべく、所属政党の党首の首相指名や、所属政党の政策を実現する法案に賛成票を投じなければならないからである。

二〇一一年六月二日、菅内閣に不信任決議案が提出された日、民主党(当時)の松木謙公議員が一人、党の方針に抗って不信任に賛成票を投じたことをおぼえているだろうか。議場に入る前、他の民主党議員から不信任に賛成するなと説得され、羽交い締めにさえあっていた。

松木氏は、投票後テレビのインタビューにこたえて、政治家は最終的には自分で判断することが大事だ、と述べていた。しかし、直接民主制的政治はそれを許さない。民主党のマニフェストを支持してくれた国民の意思にそむいて菅首相を不信任してはならないのである。あの羽交い締めは、議員に全国民の代表として自分で判断することを許さない日本の民主政治の現実を象徴している。またそれは直接民主制的政治の欠点を露呈した瞬間でもあった。七二二人もの人を雇い、多額の予算を使って、ほとんどの議員が羽交い締めにあって政党や派閥の言いなりになる。結果は、あの大震災にさえ迅速に対応もできないほどの「分断」だ。

〈どんどん小さくなる国会の役割――今の国会ならいらない⁉〉

直接民主制的政治では、国会での審議は当然形骸化する。どんなに議論しようとも、有権者との約束を反故にできない議員の結論は、変わりようがないからである。そう考えると、選挙で各党が獲得した議席数に応じて、首相になるべき人、実現される政策、可決される法案は実質的にほぼ決まってしまっているといえる。あとは、過半数を単独でとった政党が無い場合に、ある首相候補者、ある法案についてどの政党とどの政党が手を結ぶかの攻防があるだけだ。

あえて極論すれば、国会は、選挙の時にすでに表明された有権者の意思の分布をただ確認・集計する場であり、国会議員はただそれを伝達する道具になってしまっている。衆議院では、厳密な方法をとるときには、各議員が自分の名前を書いた木の札で投票することがある。議員一人一人が登壇して、賛成ならば白票、反対なら青票を投じる。この「厳かな儀式」も最初から結論が分かっているのなら、随分と白々しく映る。国会議員は、有権者がすでに選挙で示した賛成・反対の意思を色の違う札をもって伝えに行くだけの存在だ。

参議院で導入されている電子投票をみていると、有権者をインターネットでつないでネットで投票できるようになれば国会議員はいなくてもいいのでは、と思ってしまう。もちろん、すべての法案について有権者が投票するのは、いくらネット投票が実現したとしても無理だろうから、重要な政策、法案にしぼって投票することにするとしよう。それ以外の場合は、各政党が代表一名を出して作る会議が一つあれば十分ではないだろうか。仮にこれを政党間調整会議と呼ぶ。この会議では、各政党は、選挙の得票率に応じて法案への決定権をもつことにすればよい。

先ほどの消費税を一〇％に上げる法案の場合を例にしよう。これをマニフェストに掲げたA党は選挙で三五％の得票、反対したB党は三〇％の得票。他にこの問題に関する立場を選挙の際に明言しなかった政党が三つ、一六％の得票をしたC党、一〇％の得票率のD党と九％のE党があったとしよう。A党はC党の合意が得られれば、法案が成立し、政策を実現できる。C党がダメならD党とE党双方の同意をもらうよう、政党間調整会議で説得する。B党は、法案否決について、C党とD党かE党のどちらかの二つの党の合意が得られれば消費税引き上げに反対のマニフェストを実現できる。内閣総理大臣の指名であっても同じ方法で行うことが可能だろう。

こんな政党間の調整をする会議さえあれば、私達がよしとする民主政治は、七一七人もの国会議員を揃えなくても、実現できるのではないだろうか。

〈二〇〇〇億円、四〇〇〇万円の仕事〉

少し古い情報になるが、二〇〇七年度、国会のための予算は約二二四四億円だった。財政再建のために歳出の聖域無き見直しが求められる中、同年一一月九日、民主党の藤末健三参院議員の質問に財務省が答えた数字によれば、議員歳費や秘書給与、議会事務局職員の人件費などを含め衆院の経費が約六五四億円、参院が約四二〇億円だった。この年は参院選があり、そのための経費が約五八〇億円かかった。政党助成金に約三二〇億円、議員の活動を補佐する国立国会図書館に約二三〇億円が必要とされた。議員一人あたりの経費は三億円を越えることになる。

二二四四億円とはどれくらいの額か、私には金額が大きすぎてうまく把握できない。例えば、平成二六年度の復興庁の予算概算決定総括表(東日本大震災復興特別会計)をみると、復興庁の概算決定額は二兆二四四一億円で、国会の予算の約一〇倍である。そのうち、被災者生活再建支援金、応急仮設住宅等、心のケア、介護、障害者支援、修学支援にあてられる被災者支援に与えられる予算は一一一七億円となっている。被災者支援には国会の予算の半額しか割り振られていない。国会にかかる経費をまるまる削れば被災者支援にあてる予算を三倍にできる、とも言える。

昨年(二〇一四年)、国会議員のお給料が注目を集める出来事があった。東日本大震災の復興財源確保のために国会議員も身を切るべきだと、給料にあたる歳費を二割削減する措置がとられていたが、その措置が二〇一四年四月末日で時間切れとなった。折しも消費税が五%から八%に引き上げられた直後だっただけに、国会の対応が注目された。みんなの党は公約としてアジェンダで給与の三割削減とボーナス五割減を掲げた。また、日本維新の会と結いの党が歳費三割削減を内容とする法案を提出することで合意、みんなの党にも協力を呼びかけたとの報道はあったが、実現しないまま二割削減の特例は時間切れとなり、給料がもとの額に戻ったのである。

自民党の石破茂幹事長は「議員が生活に困窮するのはいかがなものか」と述べた。では、国会議員のお給料はどれくらいか。歳費は、「国会議員の歳費、旅費及び手当等に関する法律」で定められている。議長が月二一七万円、副議長が一五八万四〇〇〇円、その他の議員は一二九万四〇〇〇円だ。二〇一四年四月まではこれを二割減じた額が支給されていた。その他に、ボーナスにあたる期末手当がある。二〇一二年には議長に約八〇〇万円、議員に約四八〇万円支給された。議員が使うことのできるお金はこれだけではない。文書通信交通滞在費として月一〇〇万円、立法事務費として月六五万円の給付がある。さらに、仕事で交通機関を利用する時は、ＪＲ特殊乗車券や国内定期航空券が交付される。歳費と諸費を合わせると一人年間四〇〇〇万円を超えるお金が国会議員に支払われている。その他、三人までの秘書を雇う経費も含めると六〇〇〇万円ほどの税金が使われている。

国民には消費税増税を強いる中、歳費二割減の特例が国会でまともに議論されることもなく時間切れで解除されたこともあり、「オバマ大統領の年収は四九〇〇万円、プーチン大統領は一〇五〇万円」、「アメリカの議員は約一七〇〇万円、イギリスは約八〇〇万円、ドイツは約九五〇万円、フランスは約九〇〇万円。日本の国会議員歳費は世界トップクラス」など、様々な批判的報道がなされた。たしかに、オバマ大統領と同額を支給されていても石破氏が言うとおり「生活に困窮する」のだとしたら、その生活とはどんなものかと思う。また、オバマ大統領七一七人分、プーチン大統領二八六六人分と考えると随分な額だ。もちろん、条件も制度も異なる外国との安易な比較はあまり意味をなさないだろう。それよりも、歳費と諸費を合わせて一人年間四〇〇〇万円という額が適切かどうか、国会にかかる経費二二四四億円が適切かどうかは、その仕事しだい、果たしている役割しだいではないだろうか。もし、有権者の意思を集計・確認するだけの機関に二二四四億円、それを伝達するだけの人に四〇〇〇万円の税金が毎年使われているとしたら、それは「無駄使い」だと多くの人が考えるのは当然だろう。

政策調整会議一つあれば、七一七人の議員からなる大きな組織、国会の主たる機能がまかなえるのなら、憲法改正をするときには参議院の廃止などと半端なことを言わず、国会を廃止してはどうか、と冗談を言ってみたくなる。もちろん、現実にはそんなことはできないだろう。しかし、私達の多くが思い描いている民主主義、すなわち、国民が直接政治的意思決定をすることを理想とする政治のあり方を目指していくと、国会と国会議員の果たす役割は、限りなく小さくなり、二二四四億円に値しなくなることは間違いないのではないだろうか。

新しい絶対君主?——内閣総理大臣・行政

〈直接民主制的政治と首相権限の強化——九〇年代政治改革の帰結〉

国会中心の政治を構想する憲法とは異なり、現実の政治の中心を担ってきたのは政府であり、なかでも内閣の長である首相、内閣総理大臣である。日本国憲法は議院内閣制を採用していて、行政府の長である内閣総理大臣は国会が指名する(六七条一項)。制度上は国民が首相を直接選ぶことができないが、政党の政策を掲げてたたかう国会議員の選挙、特に内閣不信任決議権をもつ衆議院議員の選挙は、どの政党の長を首相にしたいかを示す機能を実質的に併わせてもつことになる。ある政党が、衆院で過半数の議席を占めれば、普通はその党の党首が首相になるからである。

過半数の議席を占める党がなければ、どの党とどの党が結んで議席の過半数を確保して与党となるか、どの党の党首を首相にするかは政党間の駆け引きに委ねられる。しかし、二大政党制になれば、議院内閣制でも議員の選挙で国民が実質的に首相を選ぶことができるようになる。近年の日本の政治は、小選挙区制を採用して実質的に国民が政権選択できる二大政党制を指向し、実際に自民党と民主党の二大政党制に近い政治が実現しつつあった。この体制への大きな転換の起点になったのが、一九九四年の政治改革関連法の成立だ。

一九八八年に発覚した戦後最大の贈収賄事件とされるリクルート事件を受けて行われた政治改革では、政治資金のあり方だけでなく、衆議院で採用されていた中選挙区制に批判が注がれた。一つの選挙区から三～五人の当選者を出す中選挙区制では、各政党が法案を通過させるのに必要な過半数の議席を衆議院で得るためには、一つの選挙区に複数の候補者を立てなければならない。同じ政党の候補者どうしが当選を争うことになり、その場合、候補者は政党の全面的な支援は得られなかったので、地元の様々な組織や団体から支持を得るために利益誘導を図ろうとする。これが金権腐敗政治の温床だと考えられた。また、自民党の派閥は、候補者に経済的な支援をしたり、支持してくれる組織等を紹介したりして便宜をはかって影響力をもって勢力を拡大し、派閥の長は総裁選に勝利して首相の座を得ることを目指す。この過程でまた政治腐敗が生まれる。

これらの問題を克服して派閥政治を解消し、政党本位・政策本位の選挙を実現するために小選挙区制度を採用することが主張された。また、自民党による長期政権の弊害を解決するために小選挙区制によって政権交代可能な政治を実現すべきことが主張された。

しかし、小選挙区制の導入には批判も根強かった。小選挙区制は選ぶべき定員分の選挙区を設け、各選挙区からトップの得票を得た者一名だけが当選する制度なので、次点以下の候補者に投じられた票は政治に反映されず、いわゆる死票となる。多くの死票を出す制度では民意を適切に反映できないと厳しく批判された。ちなみに二〇一二年一二月の衆院選での自民党の得票率は四三％だったが、得た議席は小選挙区から選出される定員三〇〇のうち二三七議席で、七九％にものぼった。

これに対して小選挙区制を擁護する論者は、議会に国民の意思が的確に反映されることよりも、国民自らが衆院選を通じて多数派を形成し、政権選択できるようにするべきだとし、そのためには二大政党制が望ましく、二大政党制に近づけるためには小選挙区制が望ましいと反論した。議会に多様な民意が反映されたとしても、多党制では、政権は議会での政党間の駆け引きでつくられる。それより、国民自らが衆院選で政権選択ができる方がより民主的(直接民主制的)だというわけだ。

このような議論がかわされる中、紆余曲折の結果、一九九四年に達成された改革の大きな柱は二つある。

第一は、衆院選挙に中選挙区制にかえて小選挙区比例代表並立制を採用することだ。中小政党にも配慮し、定員五〇〇のうち比例代表で二二六人を選出、残りの二七四議席を議席数と同じ数の選挙区を設けて各選挙区から一名当選者をだす小選挙区で選ぶこととなった。現在、衆議院の定数は四七五。そのうち二九五を小選挙区で選び、残りの一八〇は政党に投票し、政党の得票率に応じて議席を配分する比例代表で選ばれている。

第二の柱は、政治献金、特に企業・団体の政治家個人への献金の規制と政党への国庫助成だ。政治資金規正法の改正により、企業・団体による政治献金は個人に対してはすることができず、政党、政治資金団体等に限定された。同時に、政党助成法が定められ、国会議員が五名以上からなる政党、または直近の衆参の選挙で選挙区または比例区で二％以上の得票率を得た政党に対して国庫から交付金が配分されることになった。国庫から分配される交付金の総額は毎年三〇〇億円を超える。二〇一四年の総額は三二〇億円、各政党の分配額は自民党一五七億八万三三六六万円、民主党六六億九二八八万円、日本維新の会三二億九四八八万円、公明党二六億四万円などとなっている。

このような制度改革の結果どのような変化が起こったかについて、竹中治堅氏による『首相支配日本政治の変貌』(中公新書、二〇〇六年)は、次の五つに整理した。そして、政治改革から小泉政権が郵政民営化法案を成立させる二〇〇五年までの政治過程をふりかえり、新しい政治体制(二〇〇一年体制)の成立を示している。同書によれば五つの変化とは、①政党間で競争が行われる枠組みが定まり、主要な政党として自民党と民主党が競り合うようになったこと、②首相の地位を獲得・維持する条件が変わり、世論から支持を獲得することが何にもまして重要な条件になったこと、③首相の権力が強まったこと、④行政改革が行われ、国の行政機関が一府一二省庁に再編されたこと、⑤政治過程における参議院の影響力が高まったことである(同書四~五ページ)。これらの詳細については同書にゆずるとして、以下の点は確認しておきたい。

小選挙区制の導入の結果、自民党と民主党が主要な政党となり二大政党制に近づいた。これにより二〇〇九年、戦後初めて選挙による政権交代が実現し、民主党政権が誕生した。しかし、政権の座に着いた民主党は迷走を続け、二〇一二年の衆院選で大敗し、政権の座を降りた。その後、自民党は公明党と連立を組んで政権の座に返り咲き現在にいたっている。

小選挙区比例代表並立制により、選挙における政党の役割が高まり、党首の人気(世論の支持)が選挙に大きな影響を及ぼすことになった。また、候補者が党の公認を得ることが重要になると同時に、政治資金の規制強化と政党への国庫助成により、政治資金を分配する権限をもつ党首の権力が強化された。これらの結果、自民党の派閥も弱体化された。

こうして、世論の支持を得た政党の党首が首相の座に着き、国民の多数派の支持を背景に強大な権力を持ちうる政治が実現された。

〈解散は首相の専権事項？〉

首相への権力の集中はこのような政治制度だけでもたらされているのではない。実は憲法の定めを越えて様々な政治の実践の中で行われ、それを正当化する憲法解釈も構築されてきた。

二〇一四年一一月二一日、安倍晋三首相は、消費税増税を先送りすることの是非を国民に問うべきだとして、衆議院を解散した。増税先送りの可能性については二〇一二年に自民、公明、民主の三党合意で定められた消費増税法に、すでに織り込み済みの措置でもあったため、解散の「大義」がないとの批判も多くだされ、解散を首相の専権事項とするのは憲法違反だという論稿もみられた。しかし、テレビでも「解散は首相の専権事項」というコメントがあふれ、新聞も同様だった。例えば、二〇一四年一一月二六日付け朝日新聞「（問う：5）『女性活躍』本音を聞きたい　二〇一四年総選挙」は、解散を表明し、女性活躍推進法を廃案にした安倍首相を批判しつつ、「解散は首相の専権事項だが、女性、女性と強調し、国会提出を半年以上急がせた末の、こだわりが感じられない幕切れ。いったいこの落差はなんだろう」と論じた。同年一一月二二日付け毎日新聞「質問なるほドリ：解散、自由にできるの？　＝回答・仙石恭」も、「とても大きな権限なので他人が口をはさめない『首相の専権事項』と位置付けられています。そのためか『首相は解散についてだけは、うそをついてもいい』とも言われます」と解説した。同年一一月二六日付け読売新聞「視座　一四衆院選（3）1強多弱　党内外に対抗勢力必要」で、政治学者・御厨貴氏は「解散は首相の専権事項であり、勝機を狙う以外に理屈も理由もいらないと思う」と論じている。

しかし、世界の先進国で首相にこれほどまで無防備に解散権を認めている国は今では少ない。日本と同じ議院内閣制を採用し、日本がモデルとしてきたイギリスでも、二〇一一年に下院選挙を原則として五年ごとに行うとし、首相の解散権を制限する法律ができた。首相と与党に有利な時期に解散できるのでは公平な選挙が行えないから、首相の権限を制限するべきだというのが大きな理由だ。

しかも、日本国憲法には衆議院の解散を首相の専権事項とする規定はない。それではどのような解釈で首相の衆院解散権は説明されているのだろうか。

〈憲法の定めは？――衆院による不信任の時のみ（六九条）〉

内閣が衆議院を解散できる場合についての規定は日本国憲法には一カ条しかない。六九条が「内閣は、衆議院で不信の決議案を可決し、又は信認の決議案を否決したときは、十日以内に衆議院が解散されない限り、総辞職をしなければならない」と定めるのみである。他にもう一カ条、天皇が行う国事行為について定める七条が「天皇は、内閣の助言と承認により、国民のために、左の国事行為を行う」として、その三号で「衆議院を解散すること」をあげている。象徴天皇は国政に関する権能を有しない（四条一項）ので、これは六九条にしたがって行われた解散を天皇の名で行うという趣旨の規定と解するのが素直だろう。

そうだとすると、衆議院を解散できるのは六九条の場合に限られる。つまり、衆議院が内閣不信任決議案を可決（あるいは信認の決議案を否決）したときにはじめて、内閣は衆議院の解散という選択肢を与えられているのみである。内閣自ら、衆議院に不信任されたわけではないのに衆議院を解散できる定めはないのである。けっして解散は首相の専権事項ではない。ましてや、衆議院を解散するのは内閣と定められており、内閣総理大臣(首相)ではない。内閣は内閣総理大臣とその他の国務大臣で構成される合議体である閣議で、全会一致で意思決定をすることになっている。たしかに首相は他の国務大臣を任命し罷免する権限をもち、強い支配力をもつが、形式上は、解散は内閣構成員の全会一致の合意で決定されるのである。その意味でも、解散は首相の専権事項ではない。

〈現実には――七条解散〉

しかし、日本国憲法制定以降衆議院の解散は二二回行われているが、六九条にのっとり衆議院で内閣不信任決議が可決されたのを受けて行われた解散は四回しかない。では、一八回の解散は、日本国憲法との関係をどのように説明されているかといえば、前述の天皇の国事行為を定めた七条に根拠が求められている。天皇は国政に関する権能をもたないので、七条で列挙された国事行為の実質的な決定権を有するのは「助言と承認」を与える内閣である。したがって七条三号に列挙された衆議院の解散を決定する権限は内閣にある、と解釈され、実際にもそのような慣行が確立している。七条を根拠として内閣が解散権を持つとすれば、首相の解散の方針に賛成しない国務大臣がいる場合は任意に罷免することができるので、実際のところは首相が解散を決定できる。「解散は首相の専権事項」だという表現はこの事実を指すものだ。

〈議院内閣制の本質――主客転倒へ〉

これらの解釈をすれば、結果として国民代表である国会が主として内閣をコントロールすることを求める憲法とは主客が転倒してしまう。その解釈は、議院内閣制を採用する以上、その本質からして内閣の自由な衆議院解散権が認められるはずだということを前提としている。議院内閣制は、①議会（立法）と政府（行政）が分立していること、②政府が議会（下院）に対して連帯して責任を負うこと、③内閣が議会（下院）の解散権を有することの三つを本質的要素とする（芦部信喜『憲法（第五版）』岩波書店、二〇一一年、三二二ページ）。

②に言う「連帯して責任を負う」とは、内閣全体で議会のコントロールを受けて行政を行わなければならないので、議会の信任を得られなければもはや行政を行うことができなくなる、ということを意味する。このように、議会によって内閣がコントロールされる面こそ議院内閣制の本質だと考える説を責任本質説という。これを徹底していけば、六九条以外に内閣が衆議院を解散することはできないということになる。これに対して③の要素、内閣が下院を自由に解散する権限を持つことで立法権と行政権が均衡を図る面を議院内閣制の本質と考える説を均衡本質説という。しかし、前者の責任本質説に立つ論者の多くも、衆院で内閣の重要案件が否決された場合、政界再編で内閣の性格が変わった場合、衆院選のときには無かった新しい重大な政治課題に対処する場合などには六九条以外にも内閣の側から衆議院を解散できることを認める。内閣による解散は主権者である国民の信を問うという民主的な契機を含むと考えるからである。そして、六九条以外に内閣の側から衆議院解散権について定めがないことは、「憲法の条文の不備に由来する」（芦部前掲書四九ページ）とされる。

議院内閣制である以上、内閣が衆議院の解散権を持つのは当然であり、それを通じて国民の意思を問う方法があるのは民主主義なら当然だ。こうして内閣と国民が直接つながる直接民主制的な政治の運用が実現された。ここまでくれば、解散を内閣の首長で人事権を掌握している首相の専権事項とするのは簡単だ。政治資金の規制と政党国庫助成によって資金面で大きな権限を党内で持ち、小選挙区制の採用で公認候補の決定でも党内での決定権が強まった党首を「顔」として選挙を闘う。その選挙で勝利して実質的に国民に直接選ばれた党首が首相になる。こうなれば、首相は民意に支えられて大きな権力を持つのは当然で、憲法の規定がどうあろうと解散は首相の専権事項になり、政治家もマスコミも誰も疑うことがない。こうして国権の最高機関は国会ではなく、実質的に首相と考えられるようになる。

〈法案作成提出も内閣の仕事?〉

さらに、立法権そのものも、重要な部分を首相を中心とした内閣が担っている。日本国憲法四一条では国会が国の「唯一の立法機関」と定められており、立法は国会以外の機関が関与せず成立し得ることが原則だと解されている(国会単独立法の原則)。イギリスのように国王の裁可がなければ法案は法律としての効力を発しないなどという仕組みは日本国憲法にはない。しかし、現状では法律案のほとんどが内閣により発案されている。近年では議員立法の数も増えているものの、二〇一四年の通常国会で成立した法律のうち、内閣が法律案を提出した閣法は七九本、衆議院議員提出の衆法は一八本、参議院議員提出の参法は三本だった。可決成立した法律うち七九%は内閣が案を提出したものだ。

こうした現実は次のような憲法解釈で説明されている。日本国憲法七二条は「内閣総理大臣は、内閣を代表して議案を国会に提出し、一般国務及び外交関係について国会に報告し、並びに行政各部を指揮監督する」と定めており、「議案」には法律案も含まれる。首相を含めて国務大臣の半数は国会議員であり(憲法六八条)、議院内閣制においてはそもそも国会と内閣が協働することが求められている。また、国会は提出された法律案を自由に修正することも否決することもできるのだから国会の「唯一の立法機関」としての性質を侵すものではない。このような解釈をもとに内閣法五条は「内閣総理大臣は、内閣を代表して内閣提出の法律案、予算その他の議案を国会に提出し、一般国務及び外交関係について国会に報告する」と定める。また、内閣法四条は一項で「内閣がその職権を行うのは、閣議によるものとする」とした上で、同二項は「閣議は、内閣総理大臣がこれを主宰する。この場合において、内閣総理大臣は、内閣の重要政策に関する基本的な方針その他の案件を発議することができる」と定めて、重要政策を発議する権限を明文で首相に与えた。こうして政策の立案提案から立法に至るまで内閣、首相が大きな権限を持つ体制ができあがっているというわけだ。

〈参院議長の政府任せ〉

東日本大震災が発生してから二カ月が経過した二〇一一年五月一九日、西岡武夫参議院議長は読売新聞に寄稿した。「菅直人総理大臣殿」で始まるこの文章は、「菅首相、貴方は、即刻、首相を辞任すべきです」と退陣を求めた。なぜなら、「菅直人氏は首相としての責務を放棄し続けてこられた」からである。具体的な例として、多くの会議を作って指揮命令系統を混乱させ、首相の責任を曖昧にし

郵　便　は　が　き

料金受取人払

麹町局承認

9227

差出有効期間
平成27年2月
28日まで
(切手不要)

102-8790

108

(受取人)

東京都千代田区富士見 2-2-2
東京三和ビル

彩流社　行

●ご購入、誠に有難うございました。今後の出版の参考とさせていただきますので、裏面のアンケートと合わせご記入のうえ、ご投函ください。なおご記入いただいた個人情報は、商品・出版案内の送付以外に許可なく使用することはいたしません。

◎お名前《フリガナ》　　性別　男 女　　生年　　年

◎ご住所　都道府県　市区町村

〒　TEL　FAX

◎ E-mail

◎ご職業　1. 学生（小・中・高・大・専）2. 教職員（小・中・高・大・専）
3. マスコミ 4. 会社員（営業・技術・事務）5. 会社経営 6. 公務員
7. 研究職・自由業 8. 自営業 9. 農林漁業 10. 主婦
11. その他（　　　　　　　　）

◎ご購読の新聞・雑誌等

◎ご購入書店　　書店　都道府県　市区町村

愛　読　者　カ　ー　ド

●お求めの本のタイトル

●お求めの動機　1. 新聞・雑誌などの広告を見て（掲載紙誌名→　　　　　　　　）
2. 書評を読んで（掲載紙誌名→　　　　　　　　）3. 書店で実物を見て　4. 人に薦められて
5. ダイレクト・メールを読んで　6. ホームページなどを見て（サイト名ほか情報源→
　　　　　　　　）7. その他（　　　　　　　　）

●本書についてのご感想　内容・造本ほか、弊社書籍へのご意見・ご要望など、ご自由にお書きください。（弊社ホームページからはご意見・ご要望のほか、検索・ご注文も可能ですのでぜひご覧ください→　http://www.sairyusha.co.jp.）

●ご記入いただいたご感想は「読者の意見」として、匿名で紹介することがあります

●書籍をご注文の際はお近くの書店よりご注文ください。
お近くに便利な書店がない場合は、直接弊社ウェブサイト・連絡先からご注文頂いても結構です。

弊社にご注文を頂いた場合には、郵便振替用紙を同封いたしますので商品到着後、郵便局にて代金を一週間以内にお支払いください。その際 400 円の送料を申し受けております。

5000 円以上お買い上げ頂いた場合は、弊社にて送料負担いたします。

また､代金引換を希望される方には送料とは別に手数料300円を申し受けております。

ＵＲＬ：www.sairyusha.co.jp
電話番号：03-3234-5931　ＦＡＸ番号：03-3234-5932
メールアドレス：sairyusha@sairyusha.co.jp

て決断を先延ばしにしてきたこと、原発事故に対する初動段階で米軍の協力を断ったこと、被災者への住宅の用意が遅れていること、原発事故に関する真実の情報提供を怠ったことなどをあげ、この先送りの手法では問題は解決できず、首相にはその能力がないとするものだった。
西岡議長の菅首相退陣要求に対しては、危機にある中での退陣要求を批判する声もあがったが、菅首相の体たらくに落胆していた多くの人達から賞賛の声が上がった。憲法論としては、立法府の一院の長が行政府の長を個人の見解で批判することは憲法の三権分立の原理に照らして問題がないのか、といった議論もおこった。しかし、注目すべきなのは寄稿の中の次の一節だ。

ここで、三月一一日以来、なぜ菅首相がやらなかったのか、やる気がなかったのか、私が疑問を持ち続けていることについて触れてみたい、と思います。
その一。首相は、なぜ、三月一一日以降、直ちに『緊急事態法』をまとめ、立法化を図らなかったのか。

西岡議長はこの寄稿のかなり以前から菅政権に対して厳しい批判をしてきた。二〇一一年四月七日の記者会見でも、「立法府の立場だからあまり具体的なことは申しませんでしたが」としつつ、震災当日とは言わなくとも翌日三月一二日にでも政府が緊急事態法を提出すれば、衆参ともに当日にこれを通過させただろうと語っている。そして、このような法律をまず作って対応すべきだったと菅首相を批判した。緊急事態法の内容については必ずしも詳細に語られていない。しかし、この会見では、現行法では原発事故による避難勧告や立ち入り禁止区域の設定は市町村長の権限となっているが、この法律を作って政府の権限できちんと対応すべきだったと述べている。また、読売新聞への寄稿でも引用した文章に続けて「多くの会議を作り、指揮命令系統を敢えて混乱させてきました。これは、首相の責任を曖昧にして、決断を延ばすための手法です」。「震災では、県市町村の長、職員、地元の消防団、消防署、警察官、東京消防庁、地域の民生委員、自衛隊の皆さんに並々ならぬご苦労をかけています」と綴っている。西岡議長の念頭にある緊急事態法は、政府に権限を集中して必要な震災対応を首相・政府の責任で行い得るようにするための法律だろう。

憲法上は、すでに見たとおり、立法は国会の仕事のはずである。「緊急事態法」が必要な場合にそれを立法する権限は国会にあり、国会単独立法の原則からすれば政府が法案を提出せずとも国会が緊急事態法案を立案提出して可決成立させることができるし、それは国会が憲法により与えられた責務だと言ってもよい。しかし、参議院議長の発言はこうした憲法上要請されている自らの責務を忘れているかのようである。国会は、議長が是非とも必要だと考える立法も政府の提案がなければすることができない。

西岡議長のような考えに基づけば、国会は政府の政策を承認するだけの機関となり、政治の決定権は政府、中でも首相に無防備に集中していく。その権力は実質的に国民が首相を選ぶに近い選挙制度を通じて主権者と直結し、これに支えられてますます強大になっていく。それはまるで、近代立憲主義が成立する以前の絶対王制における君主のように見えなくもない。

〈直接民主制的政治の行き詰まり?——「期限付き独裁」〉

衆議院議員選挙で「数」を掌握した政党の党首は首相となり、強大な権力をもつ。こうした政治のあり方を「期限付き独裁」と呼んだのは政治学者の杉田敦氏だ。二〇一四年八月二七日付け朝日新聞での憲法学者長谷部恭男氏との対談「(考論　長谷部×杉田)日本の政党政治、その行く末は」で、九〇年代の政治改革にふれて、「改革が目指したのは、大きく言えば日本政治を、合意形成を重視する『コンセンサス型』から、二大政党間の『対決型』に変えることです。そのために小選挙区比例代表並立制を導入し、勝った方にいわば『期限付きの独裁』を許す。有権者は次の選挙でまとめて評価を下すだけ。そういう民主政治の捉え方が、政治家や有権者に浸透した結果ではないでしょうか」と述べている。

これに対して長谷部氏は、英米は「対決型」、ヨーロッパ大陸諸国は「コンセンサス型」の国が多いが、どちらが正しいとか優れているということではなく、「歴史を含めて、その社会にどちらが適しているか」が問題だとした上で、「英国の政治は対決型ですが、保守党、労働党のどちらが政権をとっても憲法慣習は守るという前提を共有しています。サッチャーはそれを壊そうとして『独裁』と批判された。それが日本では、対決型の文脈で『独裁』が肯定的に使われる。どうかしています」と述べる。

対立する政党同士でも憲法慣習は守るべきだという観念を共有するイギリスは、同じ土俵に登ること、憲法慣習という同じルールに基づいて政治を行うべきことを対立の極にある保守党も労働党も前提としている。それを壊せば「独裁」に転落することを知っている、ということだろう。日本では不文憲法の国であるイギリスとちがって日本国憲法という明文で示された共通の土俵を持っている。しかし、それは憲法外の様々な概念を導入し、解釈理論を積み重ね、政治の実践を積み上げることで半ば失われ、「期限付き独裁」を許すに至っているのである。

これを乗り越える方法の一つを、日本国憲法は提示している。憲法は議員が選挙区の有権者や政党支持者の代弁者であることを禁止している。第四三条は、衆議院・参議院の議員は「全国民の代表」だと定め、第五一条で議員の演説等について院外で責任を問われないと定めているからだ。なぜそのような定めをおいているのか。憲法の代表制、代表民主制の目指すところを中心に、日本国憲法が私たちに提示する政治の仕組みを、章を改めて説明しよう。

第五章　日本国憲法の統治の仕組み

権力分立の原理

〈立憲主義の要〉

「権利の保障が確かでなく、権力分立も定められていないような社会はすべて、憲法をもつものではない」。

このように定めるフランス一七八九年人権宣言一六条は、立憲主義の本質的要素が人権の保障と権力分立であることを端的に示す条文としてしばしば紹介されている。人権と権力分立は不可分の関係にある。人権の保障の他に権力分立が定められていることが求められているのではない。権力の分立によって人権が保障される、という関係にある。人権とは権力の分立によって人々に保障される権利であり、権力分立とは公権力が人権侵害しないように制限し、コントロールするための原理である。したがって、権力分立の目的は、人権の保障のために公権力をコントロールすることである。

〈日本国憲法の権力分立〉

日本国憲法は、再三ふれてきたように四一条で国会を唯一の立法機関と定めて立法権を授け、六五条で「行政権は、内閣に属する」と定めて行政権を内閣に授け、すでにみたように七六条一項は「すべて、司法権は、最高裁判所及び法律の定めるところにより設置する下級裁判所に属する」と定めて、司法権を裁判所に授けている。こうして権力を分立させた上で、抑制と均衡の仕組みがつくられる。国会が内閣総理大臣を指名し、内閣は衆議院を解散することができ、内閣は最高裁判所裁判官を指名しその他の裁判官を任命し、裁判所は国会が行った立法、内閣が行った処分等を違憲審査して無効とすることができる。これらは学校の「社会」の時間に教わることなので知っている人も多いだろう。

では国会、内閣、裁判所にそれぞれ憲法で授けられた権限はどのようなものだろうか。

国会が行う「立法」とは、「国民の権利を直接制限し、義務を課す法規範」を定めることと憲法学説では考えられてきた。近代立憲主義以前に国王は絶対的権力を持っていた。これを制限するために生まれた立憲主義は、国民の権利・義務に関して不利益を課す場合には国王の勝手を許さず、国民の代表である議会がルールを定め、それしたがってのみ国王の行政がこれを国民に課すことができるようにした。そのために国王が独占していた権力のうち立法権を国民の代表からなる議会に与えたのである。さらに、民主主義の発展した今日では、「国民の権利を害し、義務を課す」場合以外にも国民の代表である議会に任される権限をより広く解して、立法とは「一般的・抽象的法規範の定立」と定義されるようになった。「一般的・抽象的」とは、不特定多数の人、不特定多数の場合ないし事件に適用されることを意味する。法律で規定される人も場面も不特定多数に向けられるものである法律を国会が定めることで、独裁者の気の向くまま権力が行使されることを廃し、法が誰に対しても平等に適用されるとともに、国民は何をしたらどのように法が適用されるかを予想することできるようになる。日本国憲法四一条の立法もこのように「一般的・抽象的法規範の定立」と定義されている。

裁判所が行う司法とは「具体的な争訟について、法を適用し、宣言することでこれを解決する作用」と定義されている。国会が「一般的・抽象的」に定立した法律を基準に、それにしたがって「具体的」事件を解決することが裁判所の仕事である司法である。

では、内閣が行う行政とはどのような作用だろうか。実は、行政には確立された定義がない。日本の行政法学を代表する学者で最高裁判事も務めた田中二郎氏は、行政とは「法の下に法の規制を受けながら、国家目的の積極的な実現を目指して行われる全体として統一性をもった継続的な形成的活動」と定義した。これはしばしば引用、紹介されてきた有力な定義ではあるが、行政の特徴を示すにとどまり、多様な行政の内容をすべて説明できてはいないと評されている。行政法学者は、それぞれこのような行政の積極的な定義を試みているが、いまだに定説はない。

では、日本国憲法六五条の定める行政はどう定義されているかといえば、「すべての国家作用のうちから立法と司法を除いたもの」であるとされている。これを国家作用から立法と司法を差し引いたものとするという意味で控除説とよぶ。控除説は、国王が持っていた絶対的権力からまず国の行うべきことを決める立法権を奪い取り、そこで定められた法律の執行をする作用のうち司法を裁判所に与え、残りを行政として国王に残したという歴史的沿革に即した解釈だといえる。

しかし、立法、司法は明確に定義づけて限定されているのに肝心の行政は「その他全部」とするだけでは、権力分立を通じて国王の権力を制限して人権侵害を防ごうとする立憲主義は達成できない。そこで行政権へのコントロールをより徹底するために、国民の代表である議会が定めた法律にしたがって行政を行わなければならないとする「法律による行政」の原則(法治主義)と、議院内閣制を用いた議会による行政のコントロールなどの仕組みが用意されている。そして、国会は国権の最高機関と位置づけられているのである。

〈「政治的美称」説の意味〉

国会が国権の「最高機関」であるというのは「政治的美称」にすぎないとする説が通説であることはよく知られている。しかし、それは「大した意味はない」ということを意味しない。

「政治的美称」とは、法的に国会が他の二権を担う裁判所や内閣に優位に立って支配できるというわけではないことを指す言葉である。例えば、大きな問題になったのは、国会の各議院が与えられた国政調査権(六二条)を用いて裁判所の判決を批判することはできるか、という問題である。親子心中を図ったが自分は死にきれず自首した母親に浦和地裁が下した懲役三年、執行猶予三年の判決について、参議院は、国会は「国権の最高機関」として三権を統括する立場にあるとして、量刑が軽すぎるとの決議をした(一九四八年)。しかし、司法権の独立(七六条三項)が憲法上要請されているところからすれば、このような司法への介入は、認められない。四一条はそのような権限を国会に付与したものではない。だから、「国権の最高機関」という言葉は、他の二権を支配する権限が与えられているわけではないが、国民の代表である国会がこの国の民主的な統治の中心であることを政治的に宣言したものと解釈しよう。そう考えるのが政治的美称説だ。

国会が内閣総理大臣を選び、内閣総理大臣が国務大臣を選出して内閣を構成する。そして、内閣が裁判官を指名・任命して裁判所を構成する。また、国会が立法を行い、その法律を内閣が執行して行政を行い、裁判所は法律を適用して事件を解決する。このように、国家の組織においても、行使される公権力の面でも、国会はすべての出発点である。そのような役割を与えられているのは、国会が、主権者である国民（前文、一条）が選挙権を行使して（一五条）代表を選出（四三条）することで構成されるからである。国会には、他の二権を統括する権限は無くとも、政治の要になる機関であることを日本国憲法は「国権の最高機関」と定めているのである。

それでは、民主政治の要となる国会はどのように組織されるべきだと日本国憲法は命じているのか、節をあらためて「代表」の意味を確認しよう。

国権の最高機関の構成――代表民主制

〈代表民主制は直接制の代替物ではない〉

憲法では、代表民主制は直接民主制の代替物とは想定されていない。直接民主制こそが民主的だともみなされていない。直接民主制と代表民主制は、いわば違うタイプの政治形態である。そして、もちろん、どちらにもいいところと悪いところがある。そのことを前提に、憲法では代表民主制を基礎にするという選択がなされているのである。

日本国憲法において選択された代表民主制とは、どのようなタイプの民主政治なのか、そのメリットとデメリットを紹介し、今の日本にとってそれにどのような意義があるのかを説明しよう。

〈理解されない「代表」の意味〉

代表とはどのような意味か。日本国憲法第四三条一項に再び注目しよう。「両議院は、全国民を代表する選挙された議員でこれを組織する」と定めている。国会議員は「全国民」の代表たれ、と憲法は命じている。各選挙区から選ばれた議員でも、自分の選挙区の利害の代弁者であってはならない。経済団体や労働組合のような利益団体の代弁者であってもならない。政党のマニフェスト等をかかげて当選しても、政党支持者の代弁者であってもいけないのである。ここが「代表」民主制の要だ。

〈代表制が生まれた歴史――フランスの例〉

このような代表の観念はなぜ生まれたのか。それを理解するにはこの仕組みを生み出したヨーロッパの歴史を、フランスを例に少しだけ振り返る必要がある。

近代立憲主義が生まれ、代表民主制ができる以前にも、今で言う国会のような会議があった。それを身分制議会という。ただし、その組織も与えられている権限も国会とは全く異なる。フランスではその会議を全国三部会と呼んだ。全国三部会は、一七八九年五月に実に一七五年ぶりに開催された。この間、王権は全国三部会を召集して政策について諮問しなくて済むほど強い権力、統合力を維持していた。しかし、度重なる戦争などにより財政が破綻し、これを改善しようとする王権の提案に様々な抵抗がおこった。財政を再建するために、これまで納税を免除されていた聖職者と貴族の特権身分からも徴収する改革が試みられた。一七八八年八月、貴族身分らが要求していた全国三部会の一七五年ぶりの召集を約束することになった。

「全国三部会」という名称（訳語）に注目しよう。「全国」とつくのだから、全国から人が集まる組織である。また、全国ではなく各地方にも三部会があることも想像できる。では、「三部」会とはどういう意味か。当時、人はすべて三つの身分に分けられ、どこかに属していた。先ほど述べた特権二身分の他に圧倒的多数の人が属する平民身分が第三の身分として存在した。全国三部会は、三つの身分の代議員がそれぞれ、聖職者身分会議、貴族身分会議、平民身分会議の三つの部会に分かれて、国王の諮問にこたえるべく審議し、それぞれの部会ごとに可否を決める会議である。三つの部会のうち二つが賛成したら国王の方針が承認される。三つの部会から構成されているから「三部会」というわけである。全国三部会は、全国的組織なのに各身分会議に分断されていた。さらに加えて各身分会議も、全国のことを考えて議論し、判断するのは難しい仕組みになっていた。

〈命令的委任の制度〉

全国三部会の各身分会議には、地方三部会の各身分会議から代議員が送られた。その時、地方三部会の各身分会議は送り出す代議員に「訓令」を与える。代議員は全国三部会で選出母体に託された訓令を実現すべく務める義務を負っていた。選出母体の訓令にない問題が生じたときには、代議員はいったん選出母体である地方身分会議に戻り、新たに訓令を得なければならなかった。そして、もしこの訓令を全国三部会で果たさなければ、地方の各身分会議は代議員を辞めさせることができた。選んだ代議員に「こうしてください」と委任し、それに背いたら辞めさせる。こうした仕組みを命令的委任という。

議員は選挙区民の利害実現に必死で、有権者もそれを期待する。有権者の意思を反映させない議員を辞めさせる方法はないものか、と考える。二百年以上の年月と一万キロ近い距離を隔ててはいるものの、私達が思い描く民主主義、現代日本の民主政治と似てはいないだろうか。

〈「分断」解消の手段としての代表制——命令的委任禁止原則〉

こうした仕組みの必然的な帰結として、アンシャン・レジーム（旧体制）のフランスは身分や地域の利害で分断されていた。この分断を解消し、全国的「統一」を実現する方策の一つが「代表」民主制である。代表は、自分を選出した母体の意思に拘束されず、国全体のため、全国民のために考え、行動し、議論し、決定する存在でなければならなくなった。選挙で議員を選んだ人達がその代表者を拘束してはならず、代表者は選出母体から自由だという意味でこれを自由委任の原則と言う。また、革命以前の命令的委任が禁止されるという意味で、命令的委任禁止原則とも言われる。

フランスで最初にできた一七九一年憲法はこの代表の観念を「主権は単一、不可分、不可譲で時効によって消滅しない。主権は全国民（Nation）に属する。人民（peuple）のいかなる部分も、いかなる個人も主権の行使を自己のものとすることはできない」（第Ⅲ編一条）、「あらゆる権力は全国民のみに由来し、全国民は代表者を通じてのみそれを行使することができる」（同二条）と定めている。

この代表観は現代まで受け継がれ、フランスの現行憲法である第五共和制憲法では、一条一項で

「フランスは不可分の、非宗教的、民主的かつ社会的共和国である」と宣言、三条の二で「人民のいかなる部分も、いかなる個人も、主権の行使を自己のために独占することができない」とした上、国会について定める二七条は一項で「命令的委任はすべて無効である」と定めている。

これらの条文でも分かるとおり、「単一」「不可分」ということが非常に重視されている。他にも一七九一年憲法には「王国は一にして不可分である」(第Ⅱ編第一条)、一七九三年憲法一条は「フランスは一にして不可分である」と謳っている。フランス革命では国の一体性 unité と不可分性 indivisibilité はとても重要な課題であり、常にかかげられたスローガンだった。統一的な国家の諸制度も十分ではなく、言語も度量衡も統一されないままでは経済発展が望めなかったことも大きな要因であった。こうした統一性、単一性、不可分性を政治面で実現し、国家の組織と運営を実現するための方策として、代表民主制は生まれてきたのである。

〈日本国憲法の代表制と国会〉

日本国憲法四三条の「全国民の代表」という表現はこの流れをくんでいる。選んでもらった選挙区の利害の代弁者でもなく、政党支持者の意向の伝達者でもなく、国会議員は「全国民の代表」として「全国民」のために行動し、決定することが求められている。そして、日本国憲法五一条が「両議院の議員は、議院で行った演説、討論又は採決について、院外で責任を問われない」と定めるのは、全国民のための行動を理由に選出母体から議員が責任を問われないようにするためなのである。

国会が国権の最高機関の称号を与えられて、毎年二二〇〇億円の予算が使われているのは、まさに全国民の代表として様々な利害を集約し、審議をへて全国民のための統一的決定をするという極めて重要かつ困難な役割を期待されているためである。

では、なぜ私達はそのように習ってこなかったのだろう。なぜ直接民主制こそ民主主義であり、代表民主制はそれができないときに仕方なく採用する代替物だと教わってきたのだろうか。これには、代表民主制の悪い面とそれを克服するための歴史が関わっているのではないかと思われる。

〈代表民主制の悪い面——なぜ直接民主制が原則と教わったのか〉

代表民主制がはじまったばかりの市民革命期のヨーロッパでは、選ばれる代表も、選ぶ国民も全国民のことがよく理解でき、全国民のために行動し、決定できる人であることが重視された。その結果、その能力の無い人には政治参加を認めなくとも、能力のある人が彼らを含めた全国民のために行動してくれるからよいのだ、と考えられた。代表に選ばれるべき人、選ぶ能力のある人は、経済的に恵まれた人達であって、子どもの頃から勉強もせず働かないと食べていけない人には無理だろう。教育があって国のために税金をたくさん払っている人、国によって守るべき土地などの財産をたくさん持っている人に、選挙権を与えよう。そんな考えから、代表民主制は納税額の多い人、財産をたくさん持っている人だけに選挙権を与える制限選挙制と結びついた。フランスでは選挙権・被選挙権をもつ市民を能動市民(citoyen actif)、それらをもたない市民を受動市民(citoyen passif)として区別した。市民を二つのカテゴリーに分断しつつも、どちらも市民として統一的に説明しようとしている。選挙に参加し代表となりうるのは能動市民のみだが、それ以外の人も市民であることにはかわりない。全国民の代表となり得るのは能動市民のみだが、それは受動市民を含むすべての国民の利益をよりよく実現できるからだ、という理屈になっている。

そのフランスは世界に先駆けて一八四八年に男子普通選挙制（納税額等で選挙資格に制限がない制度）を採用した。しかし、これは例外的で、他の国々では一九世紀後半から二〇世紀前半までは制限選挙が行われていた。それが原則だったのである。

その結果、政治を富裕者が独占するに等しくなった。そしてその政治は自由主義と資本主義を推し進めた。経済は発展し、やがて産業革命を経て資本主義が確立していく。しかし、自分の労働力を雇い主に売って日銭を稼いで暮らしていかなくてはいけない人も、お金持ちの雇い主も対等とみなされ、自分の思うとおりに雇用契約を結ぶことができると考えられた。だから、労働者が相手の言ったとおりの条件で長時間低賃金労働をしなくてはならなくても、国は彼らを守ってくれない。それどころか、富裕者が独占した政治は、苦しい生活を強いられている労働者同士で団結することさえ、法律で刑罰をもって禁止した。

何事にもいい面と悪い面がある。統一性と不可分性の理念とその政治的表現である代表民主制は、身分や地域の利害にがんじがらめの議員を解放して全国的統一に貢献し、資本主義経済の発展を支えた。しかし、同時に、経済的・社会的に弱い立場にある人達を厳しい状況に追い込んだのである。こんな苦境に追い込まれて人々は黙っていない。彼らはその原因の一つを、制限選挙制と代表民主制に求めた。金持ちが選挙権を独占し、自分たちが政治にモノを言えないからだめなのだ、と。

彼らはジャン・ジャック・ルソーの人民主権、直接民主制論に学んだ。ルソーはおよそ次のように論じている。国家は各人の自己保存を妨げる障害に対抗するために、社会契約によって成立する。「社会契約は、全市民が同一の条件で締結し、同一の権利を享有するという内容の平等を市民間に確立する」(『社会契約論』第二編第四章「主権の限界について」)から、主権は全市民の参加によって行使される。「主権は、一般意思のうちにあり、意思はけっして代表されることがない」ので、一部の人の意思を人民の意思とする代表制は認められない。すべての市民が一同に会することが不可能な近代国家では、議会制をとらざるを得ないが、議会は人民の意思を確認表示する手段にすぎない。そうあるためには、命令的委任の制度や人民投票の制度が不可避である(杉原泰雄『憲法Ⅰ　憲法総論』有斐閣法学叢書、昭和六二年、一〇二～一一〇ページ参照)。

ルソーのこのような思想に影響を受けたフランス革命期の民衆運動の理論家は、政治を直接民主制に近づけるために、普通選挙制度と同時に、議員が選んだ人の意思に拘束される「命令的委任」の実現を求めた。ジャン・ヴァルレは一七九二年『特別の命令的委任に対する草案』を出版し、次のように述べた。「あなた方(議員)は、もはや我々の代表ではない。我々の受任者であり、我々の機関にすぎない」。そして「主権者の第一の行為は選挙であり、第二は選ばれた者に委任によって権限を付与することである」。だから、「主権者による権限の委任によってのみ受任者は任務を開始することができる」のだ。主権者の受任の範囲を逸脱し、その利益に背いた受任者つまり議員は罰せられるべきである。

すべての人に選挙権を与え、命令的委任を用いて代表制を直接民主制の代替物にしようという動きは、やがて労働運動、社会主義運動とも連動して力をもつようになる。そして、資本主義国の憲法でも普通選挙制度が定着した。私達はこのような民主主義の歴史とともに、「直接民主制が原則、代表民主制はその代替物」と一方のタイプを本来の民主主義と考えるようになったものと思われる。

〈代表民主制が原則であるべき理由〉

しかし、普通選挙制は各国の憲法に定着しても、命令的委任は定着せず自由委任を前提とした代表民主制が多くの国の憲法で原則として選択されている。

直接民主制には、国民が直接政治的決定をできるという良い面がある反面、妥協の余地無く少数派の意見を切り捨て、分断をもたらす悪い面がある。また、国民が直接「人」を支持するような使い方をすれば、独裁を強力にバックアップしてしまう。よく言われるとおり、ナポレオンやヒットラーなどの「独裁者」は直接民主制の一形態である国民投票を多用した。

直接民主制に近い政治が実現できたとしても、アンシャン・レジームのような「分断」は避けなければならない。だから、現代においては多くの憲法が普通選挙制度を採用しつつ命令的委任を禁止するという選択をしているのである。一五条三項で普通選挙制を定めつつ、「全国民の代表」からなる国会を政治の根幹とする日本国憲法はその典型といえる。

代表民主制は制限選挙と結びつけば金持ちの利害ばかりを実現するようになるし、有権者の意思が直接反映されないという悪い面がある。しかし、同時に、代表が多様な意思を吸収し、すり合わせて案を練り、全国的統一性、全国民的一体性を実現するための仕組みという良い面もあることがわかる。

何度も述べるとおり、政党を通じて国民の意思を直接反映させる直接民主制的政治は、東日本大震災後三カ月の政治の混乱で目の当たりにしたように、国を挙げてやらなければならないことが誰の目にも明らかな時でさえ身動きできないほどの「分断」をもたらした。そんな今の日本に必要なのは、代表制によって多様性を前提とした一体性を実現することではないだろうか。

〈国会議員がとるべき行動〉

憲法の定めを実現するためには、国会議員は所属する政党の政策を掲げて当選したとしても、選挙区から選ばれたとしても、国会では政党支持者や選挙区の利害の代弁者であってはならない。選挙で掲げたマニフェストをベースに活動するとしてもそれに拘泥してはならず、常に全国民的な視点で、政党の拘束も受けず、考え、発言し、行動することが求められる。

選挙区の代弁者であってはならない議員は、選挙区の抱える問題を国会で解決しようとする場合、その問題がいかに全国的な、全国民にかかわる問題かを論証し、他の全国民の代表を説得しなければならない。

全国民の代表は、政党に所属はしていても、政党支持者の代弁者であってはならないので、政党の政策を基礎にしながらも、各政策の実現、立法について独自の判断で行動し、発言し、採決しなければならない。場合によっては、選挙時に掲げた政党のマニフェストや選挙区の有権者との約束を実現できなくなることがあったとしても、議員は全国民の代表であることが求められる。

この観点からすると、日本の政党がほとんどの場合に所属議員にかける党議拘束が、全国民の代表を政治の中心にすえるためには障害になり得る。党議拘束とは、政党が法案などの賛否について決定し、所属議員にその決定にしたがった投票を求めることをいう。これに反した議員は多くの場合は処分を受ける。結果として、すでにみたとおり議員は政党の方針の「伝達役」になってしまう。

イギリスは、日本と同じ厳しい党議拘束があるが、自由委任の原則に反するという反発も強いと言われている。逆に、アメリカは、共和党と民主党の二大政党制で、ほとんどの議員がどちらかの政党に所属しているが、議会で党議拘束がかかることはほとんどない。

政党がマニフェストを示し、有権者との約束を守るべく党議拘束に議員が従うことが唯一絶対の方法ではないことがアメリカの例からは分かる。要は、今の日本にとって何が必要か、だろう。東日本大震災後の政治の対応をみれば、党の方針にがんじがらめで対立と分断をどうすることもできないなら、日本国憲法が目指すような「全国民の代表」としての役割を果たす議員が必要ではないだろうか。

〈代表民主制と国民の対応〉

代表民主制がうまく機能するためには、主権者である私達国民の考え方もかえていかなければならない。国民も、たとえ小選挙区の選挙であっても、地域の利害を実現するためにではなく、全国民の利益を実現できる候補者に投票する。和の精神を大事にし、「一人はみんなのために、みんなはひとりのために」のスローガンが大好きな割には、私達は国全体とか「公」について何かを判断すべき場面でも、自分の私的利害や地域の利害に極端に固執してはいないだろうか。

当選した候補者は、全国民の利益を実現するために、国会の審議に自分の責任で参加する。もちろん、政党のマニフェストを掲げて当選したのだから、活動の基礎はそれの実現である。しかし、一つの問題についてもいろいろな考えがあり、いろいろな利害を持った人がいるから、話し合い、より良い一つの選択を創り出すために国会があり、議員がいるのである。マニフェストを絶対に守らなければならないのでは、本来の役割を果たせない。選挙の時に有権者とした約束を大胆に変更しなければならない場合もあり得るのが普通だと考えるべきだろう。議員は、有権者との約束を果たせなかった理由を丁寧に説明し、納得してもらうように努めなければならない。国民は、その変更が、自分や自分の地域の利害ではなく、全国民のために有意義なことであったかを十分に検討し評価して、次の選挙で同じ候補者、同じ政党に投票すべきかを決めるべきである。

〈熟議民主主義――議論による選好の変化〉

日本国憲法が描くこうした政治像が、実際にはなかなか受け入れられない原因の一つは、私達自身が「社会にはいろんな考え方の人がいる」という現実を認めがたいからだろう。だから、「常に正しい我が方」の信じるべき政治と「常に誤ったそれ以外」を対置し、多数決で決着をつける直接民主制が指向される。しかし、議会での審議という機会がない直接民主制には、私達が直接政治的決定に参加できるという大きなメリットがあると同時に、過半数をとらなかった考えは全否定されるという大きなデメリットがある。そのことを考えれば、健全な社会には必ず多様な意見があり、それゆえに対立を、私的な利害や地域的利害から自由な立場で吸収し、審議によって国全体にとって有益な一つの決定を創り出す代表民主制を憲法が選択している理由がわかるであろう。

近年、熟議民主主義とか討議民主主義という言葉が政治やメディアでも登場するようになった。例えば、震災前の二〇一一年一月二四日、第一七七回通常国会において、菅首相は施政方針演説で社会保障制度改革などの協議への野党の参加を求めて「熟議の国会」を呼びかけた。菅元首相がどのような理解のもとに「熟議」の言葉を使ったかは定かではないが、熟議民主主義(討議民主主義)は、deliberative democracy という英語の翻訳である(deliberative は慎重な協議＝熟議)。これは、単に「審議に時間をかけさえすれば何とかなるでしょう」という提案ではけっしてない。長々と審議に時間をかけても、各々が自分の主張しかせず、他者の批判には耳をかさず、最後は強行採決、では熟議民主主義とは言えない。

政治学者・田村哲樹氏は、「熟議民主主義とは、人々が対話や相互作用の中で見解、判断、選好を変化させていくことを重視する民主主義の考え方である」(『熟議の理由』(勁草書房、二〇〇八年、ii ページ)と述べている。これまでの本書の文脈に少し強引にひき付けて述べれば、党議拘束等のあらかじめ示された選択肢に羽交い締めにされるのではなく、丁寧な議論の過程で考え方が変化していくことこそ民主主義にとって重要だ、という考え方だ。田村氏は人々の選好の変化を重視すべき理由として、人々の間の共通理解・社会的基盤が衰退し、不確実性が増大する現代社会では、異論を踏まえた上で「いかに新しい共通理解・社会的基盤を形成していくかということを考えざるを得ない」(同書同ページ)からだと述べている。

また、菅元総理の発言を受けて政治学者早川誠氏は、二〇一一年一月三一日付け読売新聞で「熟議に潜む対立激化」と題して次のように論じた。熟議民主主義が主張されるようになったのは多数決民主主義の行き詰まりが原因だが、熟議すれば解決に至るとは限らず、対立激化をもたらすこともある。

「熟議の質を左右するのは、市民による投票ではなく、市民による議論である。妥協しがたい課題についての熟議に、どこまで踏み込むか。試されるのは、むしろ有権者の覚悟と判断である」。

実際、熟議(討議)民主主義は、議会を補完する熟慮された民意の政策への反映を目指す様々な実験を行っている。これについては詳論する余裕がないので、篠原一氏の『討議デモクラシーの挑戦』(岩波書店、二〇一二年)に全面的に譲る。その意味では、熟議民主主義は、議会のあり方に関する提案ではない。しかし、熟議による選好の変化を肯定的にとらえるだけでなく重視し、共通理解・社会的基盤を形成するという発想は、議員を命令的委任の拘束から解放し、全国民の代表として選出母体から自由な討議、発言、採決の権限を与えようとした代表民主制のそれと共通する面がある。今の日本の分断した政治にはこうした発想が必要ではないだろうか。そして、早川氏が指摘するとおり、私達市民がいかに熟議する力を身につけることができるかが、分断を越えた一体性の実現のためには不可欠であることを熟議民主主義論は教えてくれる。

田村哲樹氏は自身の「直観」とことわった上で、「価値観が多様化し、場合によっては『分断された社会』と言えるかもしれないような現代社会において、それでも、他者とともに生き、なにごとかをなし、独善的でないルールを作ろうとするならば、結局、対話・話し合いを行うしかないのではないか」(前掲書iiiページ)と述べている。

求められる議会的な思考と行動――「真理は我らを自由にする」

〈分断を招く主客転倒〉

すでにみたとおり現在の日本の現実政治では、政治の中心は明らかに行政府の長である首相にある。そして、そこにいたるような政治のあり方が分断を招いている。

これに対して日本国憲法は、あくまで国会を統治の中心に据え、権力分立の原理に依拠して、行政権を立法府がコントロールすることを命じている。学説と政治の現実では、議院内閣制を採用しているのに内閣の衆議院解散権が定められていないのは規定の不備だと考えられていた。しかし、議院内閣制の本質を議会に対する内閣の「責任」、すなわち内閣は国会に信任を与えられ、国会に対して責任を負わない限り行政を行うことができないことに求めるとすれば、衆議院を内閣が解散できる場面を六九条の定めるとおり不信任の決議に対抗する場合に限られる、と解することは不合理ではないのではないか。かつてのフランスなどのように、内閣による下院の解散権は実質的に行使されない慣行ができあがり、議会の優位、議会による行政のコントロールが確立していた国もある。

たしかに、行政の役割が増大している今日、行政の権限を強化すると同時にそれに対する民主的コントロールが必要とされている。そのために憲法の定めの範囲内で解釈を工夫することは重要な試みである。しかし、国会を主として内閣をコントロールしようとする憲法の定めの主客が転倒してしまうような解釈は、憲法による公権力のコントロールという立憲主義の観点からすれば、許されるべきではないのではないか。内閣が一体性を持って迅速に権能を行い、首相が長として強い決定権をもつのは、単なる多数派の意思ではなく、国民の多様な意思を背景にもつ国会の信任に支えられているからである。

〈羽仁五郎議員の国立国会図書館法報告〉

戦争が終わり「新憲法」のもとに生まれ変わろうとする日本では、日本国憲法の規定が目指すとおりに国会を政治の中心に据えようという意志にあふれていた。それを示すとても印象的な発言は、昭和二三年二月四日、参議院本会議で羽仁五郎議員が行った国立国会図書館法に関する報告だ。

羽仁は、「眞理は我らを自由にする」を根本精神として国立国会図書館が設立されるべきことを宣言した上で、次のように述べる。「從來の政治が眞理に基かないで虚偽に基いていた」。それは、立法の基礎となる調査資料を議会が持っていなかったせいで、官僚、軍閥に屈してしまったからだ。行政各部は、専門分野に分かれているために「セクショナリズムに陥り」やすく総合的な判断が難しい上に、ことを急ぐために国民の現実から遊離しがちだ。その行政各部による「官僚主義の弊害」は甚だしかった。「軍部又は行政官僚の一部が、この國民の現実を遊離し且つ綜合的見地を全く欠いた調査によつて國策を樹立し、現実的でもなければ、綜合的でもない、即ち眞理によらない立法によつて、全國民を誤まり導いた事実は、実に戰慄すべきもの」だった。したがって、新憲法により「最高唯一の立法機関」とされた国会は次のようであるべきだ。

今日我が國民を救うべきあらゆる立法の大前提として、國民の現実に即し、且つ綜合的なる調査をなすことができるのは、専ら人民主権によつて選挙せられたる我が國会あるのみであります。我が國会は國民によつて選挙せられたるものでありますから、常に國民の現実を忘れることができません。而して常に國民の生活の現実の見地から、綜合的に考え、調査し、立法することができるのであります。

〈国会を国政の中心に〉

国民から直接選ばれた代表として、国民の現実を踏まえると同時にセクショナリズムに陥らない総合的な調査と立法ができる唯一の機関である国会を国政の中心に据え、「真理は我らを自由にする」の理念を実現しようとする志が鮮明に示されている。天国の羽仁議員には西岡参院議長の発言はどう映っただろう。政党ごと、派閥ごとに分断されて「総合的」な立法ができない現在の国会議員諸氏は先輩議員のこの言葉を知っているのだろうか。

実質的に国民に選ばれた首相を信頼して任せておけば大丈夫なら、これほど簡単なことはない。しかし、それでは総合的な調査と立法はできないから、近代立憲主義は議会制民主主義を生み出した。「総合的見地」は、首相一人に決定権が集まる仕組みになっている内閣よりも、多様な意見が集まることを前提に作られている国会の方が制度上もちやすい仕組みになっている。また、私たち自身も、総合的見地を得るためには、異なる見解を集めてすり合わせるという思考方法を身につけなくてはならない。

多様な価値をもつ国民の現実から出発して統一を実現することのできる仕組みになっているのは内閣ではなく国会である。行政サービスが増大し、行政権に権力を集中せざるをえない現状の中でも、多様な見解が適切に表明されると同時に、議論を通じてそれらを「総合的に」まとめて「真理」に基づく立法を行い、「我らを自由にする」役割を国会が担う政治に近づけていくことこそ、分断の中にある今の日本政治の大きな課題ではないだろうか。

第六章　最高裁が「一票の格差」を違憲無効としない理由

講演などで一般の方々に憲法の話をさせてもらうと、「最高裁判所は国会議員選挙の一票の格差を違憲だと言いながら、なぜ選挙をやり直しなさいと言わないのですか？　私たちにとって大切な、民主主義の基本の権利ですよね？」としばしば質問される。裁判所がもつ司法権と違憲審査権の本質に関わる重要な問いだ。

アメリカでは一九六〇年代に州議会議員選挙の一票の格差を違憲とし、裁判所自らが暫定的に区割りを行うという判決が出された。日本の司法制度、違憲審査制度はアメリカのものを導入したと考えられていることからすると、選挙を無効とする判決を裁判所が行う可能性はある。では、最高裁はなぜそこまで踏み込むことに積極的ではないのだろうか。

一票の格差裁判の経緯

〈最初の違憲判決〉

まずは、一票の格差をめぐる裁判の展開を簡単に見ていこう。日本でもアメリカ連邦最高裁判所で違憲判決が出た頃から一票の格差の違憲性を問う運動がはじまり、昭和五一年にははじめて衆院選での五倍の格差が憲法一四条の法の下の平等に反するという判決が出された。まだ中選挙区制度が採用されていた昭和四七年（一九七二年）一二月に行われた衆議院議員選挙に関して、千葉第一区の選挙人が選挙の無効を訴えた。最高裁判所は、議員定数を人口に比例して配分することは「最も重要かつ基本的な基準」だが、投票価値の平等は「国会が正当に考慮することのできる他の政策的な目的ないし理由との関連において調和的に実現されるべき」だとした。国会が考慮すべき理由とは、行政区画、住民構成、交通事情、地理的状況、人口の都市集中化現象の評価などである。

その上で最高裁判所は、投票価値の不平等が、国会が考慮しうる事情を考えても合理的とはとうてい言えない程度に達している場合で、なおかつ人口の変動状況を考慮しても合理的期間内に是正が行われない場合は、違憲になるという基準を示した。これに照らして、格差が約五倍もあり、昭和三九年以来八年にわたって国会が定数是正をしないまま行われたこの選挙を憲法に違反するとした。

選挙区割りは、公職選挙法の最後に付されている別表に定められる。これ全体が憲法の定める法の下の平等に反するため、選挙全体を無効にしてしまうと衆議院議員が存在しないことになり、定数是正すらできない。このような混乱を避けるために最高裁がとった手法が事情判決の法理だ。行政事件訴訟法三一条一項は、「取消訴訟については、処分又は裁決が違法ではあるが、これを取り消すことにより公の利益に著しい障害を生ずる場合」に「処分又は裁決を取り消すことが公共の福祉に適合しないと認めるときは、裁判所は、請求を棄却することができる。この場合には、当該判決の主文において、処分又は裁決が違法であることを宣言しなければならない」と定めている。しかし公職選挙法は、選挙関係の訴訟について定める第一五章において、選挙に関する訴訟に行政事件訴訟法三一条を適用しないと定めている（二一九条）。それにもかかわらず、最高裁は事情判決の法理を「一般的な法の基本原則に基づくもの」と解釈してこれを適用し、混乱を回避した。

〈違憲判断の構成と判決の類型〉

こうして①投票価値の平等は憲法の要請だが、諸々の考慮すべき事情との関係で違憲かどうかが判断され、②国会が合理的期間に是正しない時には違憲となる。③ただし、違憲違法ではあっても事情判決の法理によって選挙は無効としないという原則が確立した。そして、その後は、（1）①で不平等は生じていないと判断される「合憲」判決、（2）①については違憲だが②の合理的期間が経過していない場合には「違憲状態」判決、（3）①で不平等と判断され②の合理的期間も過ぎている場合に、③の事情判決の法理とともに出される「違憲違法」判決、（4）①で不平等と判断され②の合理的期間も過ぎていて、選挙も無効とする「違憲無効」判決の四つの判決の類型があり得るとされている。

そして、①についてはいったい何倍までの格差が許容され、何倍を超えると憲法一四条の平等違反になるのか、②についても合理的期間とはどれくらいかが問題とされた。③については、選挙を無効とする方法はあるのか、いかなる場合に無効とすべきかが注目されてきた。

〈許容される格差〉

許容される格差については、学説では「二倍未満」とする説が有力である。なぜなら、二倍を超えてしまえば、一人二票をもつ人が生まれるに等しく、一人一票の原則が壊れてしまうからだ。様々な

一票の格差　最高裁判決

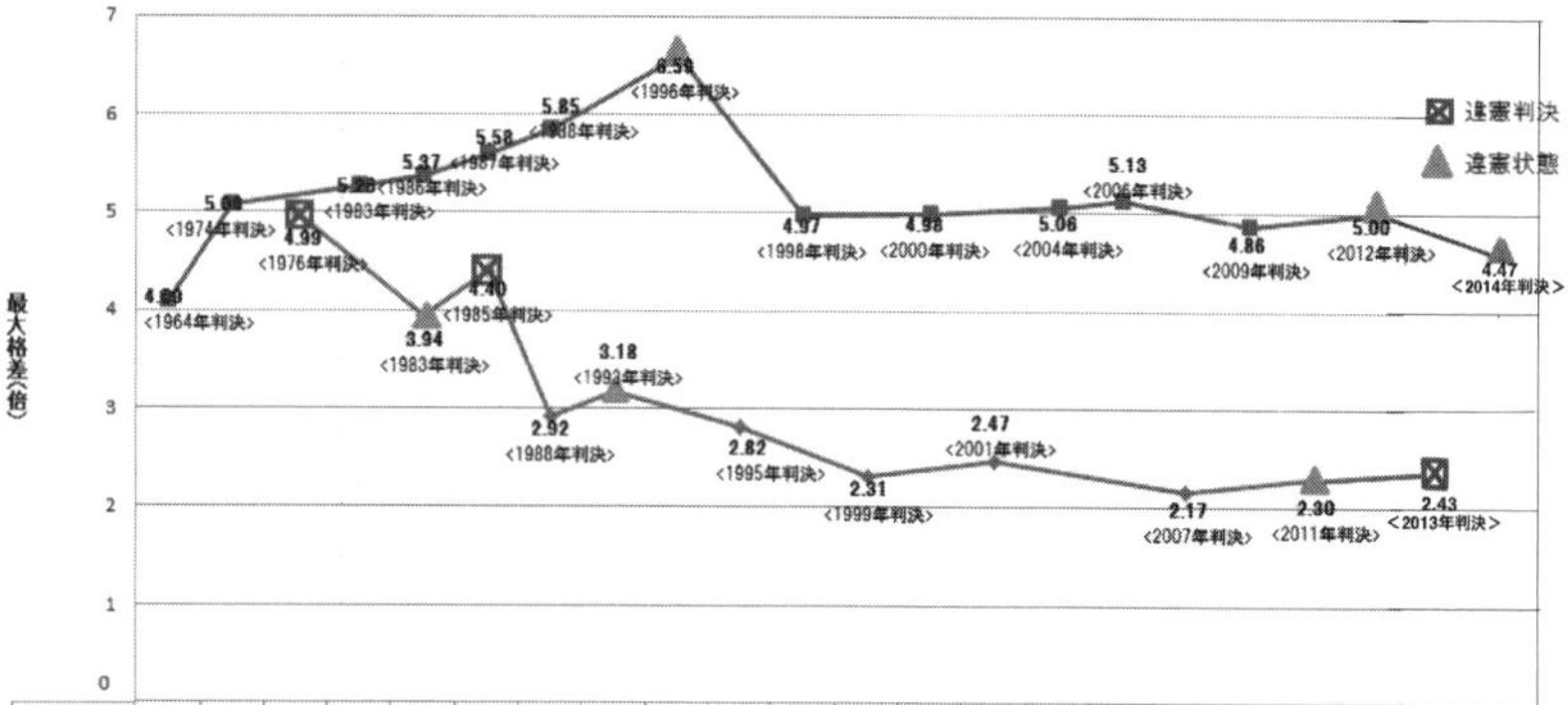

対象選挙	1962年	1971年	1972年	1977年	1980年	1983年	1986年	1990年	1992年	1993年	1995年	1996年	1998年	2000年	2001年	2004年	2005年	2007年	2009年	2010年	2012年	2013年
衆院選			4.99		3.94	4.4	2.92	3.18		2.82		2.31		2.47			2.17		2.3		2.43	
参院選	4.09	5.08		5.26	5.37	5.58	5.85		6.59		4.97		4.98		5.06	5.13		4.86		5		4.47

考慮すべき事情があるとしても、一人一票の原則を崩してしまうことは許されない、とする学説は理論的には分かりやすく、説得力がある。だから昭和四七年の衆議院選挙で格差が約五倍もあったというのは、国民の実感としてはとんでもないものだったといえよう。しかし、最高裁判所はその基準を数字で明確にするということをしなかった。衆議院議員選挙については、最高裁は、上のグラフでも分かるとおり、およそ三倍を超える格差がある場合には違憲判決を下してきた。

　また、参議院議員選挙の場合は、六倍を超えないと憲法の平等原則に反すると判断しない傾向にあった。衆議院で許される格差と差があるのは、参議院の特殊性によるものだと考えられてきた。最高裁は参議院を都道府県代表・地域代表的性格があると考えてきた。参議院議員も衆議院議員と同様「全国民の代表」だと考えても、衆議院議員の任期は四年と参議院の六年より短い上、議員の任期を途中で終わらせる解散の制度もあり、国民の審判を受ける機会が参議院よりも多い。参議院は衆議院と

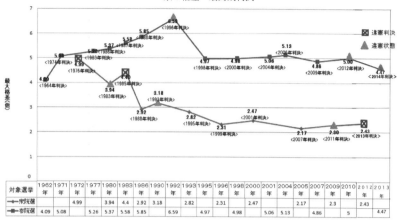

比べると、政治の安定をはかる機能が期待されている一方、民意と少し距離がある。それゆえ一票の格差の問題も参議院は衆議院より緩やかな基準で考えられてきた。また、参議院議員選挙は定員の半数ずつ、三年ごとに行われると憲法に定められているため、各選挙区の定数を奇数にしたり、二名未満にはできないという特殊性があることも、求められる平等が緩やかに解されてきた理由の一つだった。

〈合理的期間〉

合理的期間に関しても最高裁判所は明確な数字を示していない。昭和五一年判決は、選挙法改正から八年放棄されているのは合理的期間を経過したとした。昭和五八年の選挙に関する昭和六〇年判決は、昭和五八年判決で違憲状態の判決を受けた五五年総選挙の際にはすでに違憲状態だったから合理的期間を経過したとして、違憲判断をした。直近の定数是正は昭和五〇年にまでさかのぼるので、ここを起点とすると八年間放置されたとみることができる。しかし、その他の判決では、定数是正の法改正から五年、その施行から三年半（昭和五八年判決）、定数配分規定施行から三年七カ月（平成五年判決）はいずれも合理的期間内であるとされてきた。

変化する最高裁判例

〈三倍未満でも違憲〉

しかし、こうして積み重ねられてきた最高裁判例が大きな変化を見せるのは二〇一一年のことである。平成二三年（二〇一一年）三月二三日最高裁判所は、格差二・三〇倍で行われた平成二一年

（二〇〇九年）八月三〇日の衆院議員選挙を違憲状態と判断した。平成一一年には二・三〇倍、平成一三年には二・四七倍を合憲と判断していたので、この変化は注目を集めた。

〈一人別枠方式批判〉

また、これまで最高裁も立法裁量の範囲だとして容認してきた一人別枠方式について合理性が失われたと述べた。一人別枠方式とは、小選挙区制が導入された際に採用された選挙区割りの方法で、四七都道府県に一つずつ議席を配置し、小選挙区の定員であった三〇〇議席のうち残りの二五三議席を人口比例で配分して都道府県の議席数を決めて、さらに都道府県内で議席数分の小選挙区を作るという方式を言う。過疎地域からも代表が選出されるように配慮した仕組みではあるが、そうであるがゆえに人口比例、一人一票の実現にはマイナスに働いてきた。平成二三年判決は合理的期間を経過していないことを理由に違憲状態判決にとどまったが、衆議院はより厳格な投票価値の平等が求められるので、合理的期間内に是正を行う立法措置を講じる必要がある、と国会に厳しく注文をつけた。

〈参議院議員選挙でも〉

続く平成二四年（二〇一二年）には、最高裁判所は五・〇〇倍の格差があった二〇一〇年の参議院議員選挙を違憲とした。「参議院議員の選挙であること自体から、ただちに投票価値の平等が後退してよいと解するべき理由は見いだし難い」と述べ、参議院議員についても全国民の代表として一人一票の原則を基礎として選挙されるべきことを強調した。さらに、最高裁は「人口の都市部への集中による都道府県間の人口較差の拡大が続き、総定数を増やす方法を採ることにも制約がある中で、このような都道府県を各選挙区の単位とする仕組みを維持しながら投票価値の平等の実現を図るという要求に応えていくことは、もはや著しく困難な状況に至っているものというべきである」とした。

その上で、「単に一部の選挙区の定数を増減するにとどまらず、都道府県を単位として各選挙区の定数を設定する現行の方式をしかるべき形で改めるなど、現行の選挙制度の仕組み自体の見直しを内容とする立法的措置を講じ、できるだけ速やかに違憲の問題が生ずる前記の不平等状態を解消する必要がある」と述べて、国会に対してとるべき立法措置を具体的に示した。長年にわたり、抜本的な対応を求めてきたにもかかわらずこれに応えない国会に、より厳しい態度を示したと言ってよい。

二〇一三年の参院選についても、二〇一四年一一月、四・七七倍の格差を「違憲状態」とする判決を最高裁は出した。最高裁の多数意見は、参院で行われている選挙制度協議会の取組みを評価して違憲状態判決にとどめた。しかし一五人の裁判官のうち四人は「違憲違法」、一人は「違憲無効」とすべきだとの見解を示した。

〈相次ぐ高裁違憲判決――選挙無効の判決も〉

この流れを受けて、二〇一三年の春には高等裁判所で違憲判決が相次いだ。二・四三倍の格差があった二〇一二年一二月の衆議院議員選挙についての一六件の訴えに対し、全国の一四の高裁と支部が示した判決は、違憲違法一二件、違憲状態判決二件、そして初めての違憲無効判決も二件であった。

三月二五日の広島高裁判決は、投票価値の不平等、民主的政治過程のゆがみの問題の重大性を指摘して、事情判決の法理を適用せず、訴えのあった広島一・二区の選挙を無効とした。ただし、この判決は「その効果は平成二五年一一月二六日の経過をもって発生するものとする」とした。平成二五年一一月二六日は、定数を五人削減(〇増五減)し、一人別枠方式を廃止することを定めた緊急是正法にのっとって衆議院議員選挙区確定審議会が区割り改定作業に着手した日の一年後である。この期間に国会が定数を是正しなければ選挙を無効とするとしたのである。このような将来効判決の手法の可能性については、すでに最高裁でも補足意見で示されていた(例えばこの判決で参照を求めている昭和六〇年判決の寺田治郎、木下忠良、伊藤正己、谷口洪一裁判官の補足意見)。

翌日二〇一三年三月二六日には、広島高裁岡山支部で、訴えのあった岡山二区の選挙を即時に、しかし将来に向かって無効とする判決が出された。この選挙で選ばれた議員全てが最初から資格がなかったこととしてしまえば区割り規定の改定すらできなくなるが、この訴訟は、将来に向かって無効とする訴訟である公職選挙法二〇四条に基づくものだから「無効判決確定により、当該特定の選挙が将来に向かって失効するものと解するべきである」とした。

同判決は次のようにも指摘する。この無効判決によりその選挙区から選出された議員のいない状態で衆議院の活動が行われるのは憲法上望ましい姿ではない。しかし、「投票価値の平等は、上記のとおり、国民主権・代表民主制のもとにおいて、最も重要な基準とされるべきであること、無効判決がなされても、上記のように、無効判決が確定した選挙区における選挙の効力についてのみ、判決確定後将来にわたって失効するものと解されることなどにかんがみれば、長期にわたって投票価値の平等に反する状態を容認することの弊害に比べ、無効と判断することによる政治的混乱が大きいと直ちにいうことはできない。したがって、国会が平成二三年大法廷判決後に緊急是正法を成立させたことや、現在国会において較差是正のための立法措置について検討されていることを十分に考慮しても、本件選挙を違憲としながら、選挙の効力については有効と扱うべきとのいわゆる事情判決の法理を適用することは相当ではない」。

〈最高裁は〉

このように高裁で厳しい判決が相次、これまで最高裁が行わなかった選挙無効の判決も異なる手法で出されたため、最高裁判所がこれにどう対応するかが注目された。最高裁判所は二〇一二年一二月の衆院選に関するこれらの定数訴訟について一括して二〇一三年(平成二五年)一一月二〇日に判決を下した。最高裁判所は、「本件選挙時において、本件区割規定の定める本件選挙区割りは、前回の平成二一年選挙時と同様に憲法の投票価値の平等の要求に反する状態にあったものではあるが、憲法上要求される合理的期間内における是正がされなかったとはいえず、本件区割規定が憲法一四条一項等の憲法の規定に違反するものということはできない」と結論づけた。

二・四三倍の格差は憲法違反だが、合理的期間内にあるとする違憲状態判決である。最高裁は、国会が平成二三年の違憲判決を受けて一人別枠方式を廃止し、〇増五減の定数是正を行い、区割審による新たな区割確定作業に入っていたことを重視した。高裁の二つの違憲無効判決が、この衆院選にはこれらの改革が反映されていないことを重視し、平成二三年の違憲判決から一年九カ月、国会は対応を怠ったと判断したのと対照的だ。

それでは最高裁がここまでして国会に譲歩しようとするのはなぜだろうか。まずは、最高裁判決の理論をみてみよう(最高裁民事判例集第六七巻八号)。

憲法は、選挙権の内容の平等、換言すれば投票価値の平等を要求しているものと解される。他方、投票価値の平等は、選挙制度の仕組みを決定する絶対の基準ではなく、国会が正当に考慮することのできる他の政策的目的ないし理由との関連において調和的に実現されるべきものであるところ、国会の両議院の議員の選挙については、憲法上、議員の定数、選挙区、投票の方法その他選挙に関する事項は法律で定めるべきものとされ(四三条二項、四七条)、選挙制度の仕組みの決定について国会に広範な裁量が認められている。

国会が具体的な選挙区確定にあたって求められているのは、「都道府県を細分化した市町村その他の行政区画などを基本的な単位として、地域の面積、人口密度、住民構成、交通事情、地理的状況などの諸要素を考慮しつつ、国政遂行のための民意の的確な反映を実現するとともに、投票価値の平等を確保するという要請との調和を図ること」だと最高裁は述べる。

これらのことを考慮しながら選挙区割りを決定することを国民の代表から構成される国会の仕事だと憲法が定めている、というのが最高裁の立場なのである。判例の言及する憲法四三条二項は「両議院の議員の定数は、法律でこれを定める」とし、四七条は「選挙区、投票の方法その他両議院の議員の選挙に関する事項は、法律でこれを定める」として、これを国会の役割としているからである。

このことを理解するには、権力分立の原理、裁判所はなぜどのように組織されているか、そして裁判所に与えられた権限である司法権と違憲審査権がどのようなものかという根本的な問題を理解する必要がある。次にそれらについてみてみよう。

司法権とは

〈具体的事件性の要件〉

日本国憲法七六条一項は、「すべて司法権は、最高裁判所及び法律の定めるところにより設置する下級裁判所に属する」と定める。その司法権とは、すでに見たとおり、「具体的な争訟について、法を適用し、宣言することでこれを裁定する国家の作用」と定義される。司法権行使には「具体的な争訟」、または具体的事件性の要件(あるいは略して事件性の要件)を満たすことが必要だ。その意味するところは、①当事者間に具体的権利義務ないし法律関係の存否に関する紛争であって、かつ②それが法律を適用することにより終局的に解決することができることだ(芦部前掲書三二八〜三二九ページ)。

もう少し分かりやすく説明しよう。第一に、実際になんらかの権利侵害などの被害が具体的に生じてしまっている当事者が、相手方を裁判所に訴えることが司法権の行使には必要だ。したがって、権利侵害された当事者でないと訴えを起こすことができず、裁判所は当事者が訴えをおこさないのに司法権を行使することはできない。例えば、国会議員が権利侵害されたわけでもないのに自衛隊の前身である警察予備隊は憲法九条違反だと訴えても、司法権は行使されない。最高裁も「わが裁判所が現行の制度上与えられているのは司法権を行う権限であり、そして司法権が発動するためには具体的な争訟事件が提起されることを必要とする。わが裁判所は具体的な争訟事件が提起されないのに将来を予想して憲法およびその他の法律命令等の解釈に対し存在する疑義論争に関し抽象的な判断を下すごとき権限を行いうるものではない」と述べている。

第二に、事件に法律を論理的に適用して解決できないような問題についても裁判所は司法権を行使できない。信仰の本質に関わる「まんだら」が本物かどうか、国家試験の合否が適切だったかなどは、法律の論理的適用で解決できる問題ではない、とする判例がある。

〈司法権行使に厳格な要件が必要な理由〉

裁判官は、政治的な影響力から独立するべき事が求められ（七六条三項）、そのために任期中は罷免されないこと（七八条）、俸給を減額されないこと（七九条六項、八〇条二項）まで憲法で定められている。自分たちの権力行使が「正しい」ということの根拠を国民（の多数意思）に求めることができるという意味で民主的正当性の高い国会や内閣と比べると、裁判所は国民との距離ははるかに遠い。

だからこそ裁判所は独自性を発揮できるし、しなければならない。この点について憲法学者佐藤幸治氏は司法権の独自性にふれて次のように述べる。「司法権の独自性は公平な第三者（裁判官）が、関係当事者の立証と推論に基づく弁論とに依拠して決定するという、純理性の特に強く求められる参加と決定の過程たるところにあると解される。これに最もなじみやすいのは、具体的紛争の当事者がそれぞれ自己の権利・義務をめぐって理を尽くして真剣に争うことを前提に、公平な裁判所がそれに依拠して行う法原理的決定に当事者が拘束されるという構造である」(佐藤幸治『憲法(第三版)』青林書院、一九九五年、二九五ページ)。権利を侵害されて苦しんでいる人が自ら救済を求めて裁判所に訴えを起こし、対立する利害を持っているはずの訴えられた相手方も真摯に自分の主張をする。その誠実で真剣な論争を公平な立場で裁判官が聞いた上で、法律という基準に照らして論理的に結論をだすことで、裁判所の判断の「正しさ」が確保される、と考えられているのである。

裁判官といえども人に多額の賠償を命じ、命を奪う死刑を含めた刑罰を科すことができる公権力だ。それを濫用できないようにするために、事件性の要件のような縛りが必要なのである。

裁判所が違憲審査権をもつことの意味

〈裁判所が行う違憲審査　具体的違憲審査制〉

日本国憲法は、独立が保障され主権者国民と距離のある裁判所に、国民の代表である国会の定めた法律でさえ「違憲無効」と判断する権限を与えている。八一条は「最高裁判所は、一切の法律、命令、規則又は処分が憲法に適合するかしないかを決定する権限を有する終審裁判所である」と定めているのである。違憲審査権の主体は最高裁判所となっているが、すべての裁判所がこの権限をもっていると解されている。まず形式的な解釈として「最高裁判所は……終審裁判所である」という定めになっているから、下級裁判所も終審裁判所としてでなければ同じ権限を行使することを禁止されていない。八一条は司法権について定める第六章におかれていることからすると、違憲審査権は司法権の行使にともなって必要な場合に行使される権限と考えられる。このような制度のことを付随的(具体的)違憲審査制という。

これに対してドイツのように、具体的な事件の解決という司法権の行使とは関係なく違憲審査のためにつくられた特別の憲法裁判所が権限を行使する制度を抽象的違憲審査制という。ドイツのような制度を持つ場合は、だれが違憲審査を憲法裁判所に求めることができるか（提訴権者）、違憲判決をうけた法律などの効力はどうなるのか、といった事柄を憲法で定めるのが普通だが、そうした規定も日本国憲法にはない。付随的違憲審査権は、すでに述べたとおり司法権の行使に付随して行使される権限なので、司法権を行使する権限を与えられているすべての裁判所が必要におうじて行使すべき事になる。

〈国民からの距離は政治からの独立――少数者の人権保障に適任〉

ではなぜ憲法上、国民に政治責任を負わない裁判所に主権者国民の多数意思すら否定する権限が与えられたのか。それは、裁判所が、まさに国民の多数意思に最も縛られない国家機関だからだ。すでにみたとおり、ヨーロッパで成立した近代立憲主義は、王が独占していた公権力を三権に分立し、国民の代表で構成される議会が意思決定をする権限をもつことで成り立っていた。だから近代のヨーロッパの各国で、統治の中心に据えられた議会に多大な権限が与えられるようになった。

しかし、やがてその仕組みがもつ負の側面が露わになる。議会が定めた法律が万能の地位を与えられ、「悪法も法なり」と言われてその正当性が支持された。これを形式的法治主義という。すでにみたとおり、ナチスは国民の圧倒的多数の支持を得て、議会の議席も独占し、全体主義に走ったのである。こうした民主主義、法治主義の暴走に備えるための装置として生まれ、世界に定着していったのが違憲審査制度である。どんなに民主的に定められた法律であっても、圧倒的な国民の多数意思によって支えられた議会であっても、してはならないことがあり、これをコントロールしなければならない。そこで、国民の多数意思に基づいて行使される公権力でもしてはいけないことを人権とか基本権として憲法に定め、これに反した公権力の行為を退ける制度が必要となったのである。だからこそ、主権者国民とは最も距離があり、その意思に左右されない独立が保障された裁判所が、国民の多数意思から人権をまもるために最適の機関なのである。だから、「国民の代表でもない裁判所ごときが選挙区割りに口を出してはならない」ということにはならない。しかし、「違憲審査権を与えられているのだから何をしてもいい」いうことにもならないのである。ここでも白か黒かの二者択一はできない。

〈政治的独立は弱点でもある〉

国民、政治から独立しているという裁判所に独自の長所は、同時に弱点でもある。フランスでも現在では違憲審査制度が定着し、重視されているが、議会中心主義の伝統をもつこの国では、違憲審査制は「九賢人の寡頭支配」として厳しい批判を受けてきた。フランスで違憲審査を行う憲法院は九人の構成員からなっていた。どんなに立派なメンバーで構成されようと、わずか九人で、民主主義が政治の根幹をなすはずの国で、国民の意思をもとに議会が定めた法律を無効にできることへの批判である。フランスに限らず、国民の代表が民主的に決めたことを少数の人々で覆すという意味で、違憲審査制度は語弊を恐れず極端に言えば「反民主的」な側面をもつ。「九賢人の寡頭支配」はそれを象徴する言葉だ。

日本の場合は違憲審査の終審裁判所として決定権をもつ最高裁判所は一五人の裁判官からなる。日本国憲法の違憲審査制も、フランス同様民主主義が政治の根幹である以上、「一五賢人の寡頭支配」にならぬための工夫が必要だ。

違憲審査権の限界と基準——民主政治の主体を創る違憲審査制度

〈寡頭支配に陥らぬ工夫〉

その工夫の一つが統治行為論だ。これは、「直接国家統治の基本に関する高度に政治性のある国家行為」については、裁判所の審査対象としないとする理論である。この理論が注目を集めたのは日米安保条約と駐留米軍の合憲性が問題となった砂川事件(判決は一九五九年)においてである。一九五七年、米軍立川基地拡張のための測量に反対する人達が、境界の柵を破壊して基地内に侵入したため起訴された。この裁判で被告人は、日米安保条約の合憲性を争った。この事件で最高裁判所は、日米安保条約は「わが国の存立の基礎に極めて重大な関係をもつ高度の政治性を有するものというべき」であるから、「一見極めて明白に違憲無効であると認められない限りは、裁判所の司法審査権の範囲外のものである」と述べた。この判決は「一見極めて明白に違憲無効」なら裁判所がそのように判決できる余地を残しているため、高度な政治性がある場合には裁判所は審査しないという統治行為論とは少し異なるとも言える。

その後、最高裁判所は、苫米地《とまべち》事件(判決は一九六〇年)で統治行為論を改めて展開している。この事件は第三次吉田内閣が一九五三年に行った憲法六九条の手続によらない衆議院の抜き打ち解散により衆院議員の職を失った苫米地義三が任期満了までの職の確認等を求めたものである。最高裁判所は、衆議院の解散は高度に政治性を有する統治行為だとし、「司法権に対する制約は、結局、三権分立の原理に由来し、当該国家行為の高度の政治性、裁判所の司法機関としての性格、裁判に必然的に随伴する手続上の制約等にかんがみ、特定の明文による限定はないけれども、司法権の憲法上の本質に内在する制約と理解すべきものである」と判示した。

〈違憲審査基準——裁判所の出番は?〉

裁判所が用いる違憲審査の基準についても、違憲審査と民主主義の調和を図るための理論が考えられている。違憲審査制の最も重要な役割は、民主主義が全体主義に転落してしまわないようコントロールすることである。そのために、国民からは最も距離のある国家機関である裁判所に、国民の多数意思に基づく公権力の行使を制御する権限が与えられた。そう考えると、違憲審査で最もまもるべきことは、国民の中の少数意見が多数派からなる権力にもみ消されることなく表明され、様々な見解の中から国家がとるべき方針が決まることである。そのために必要なことは、表現の自由が公権力からしっかりまもられることだ。表現の自由をしっかり保障し、様々な議論がなされるなかで国民の多数意思が創られる「民主政の過程」を健全に保つことこそ違憲審査の最も重要な役割ということになる。

日本でも天皇制を批判したり共産主義を主張したりすることを禁止した治安維持法が存在したよう

に、公権力は自らの意に背く見解を弾圧する、というのは歴史の示す事実だ。だから、表現の自由に対する立法その他の公権力による規制については、裁判所は思い切って違憲判断をするべきだと考える。どうしても必要で最小限の規制であることを規制する側が証明しない限り、裁判所は違憲と判断する。

他方で、このように少数者の意見表明の自由が確保されて民主政治が健全に保たれていれば、他のことは国会を中心とする民主政治に任せるべきだ。だから、現代においては弱者保護や経済政策等のために様々な規制をしなければいけない経済活動の自由(二二条の職業選択の自由・営業の自由と二九条の財産権)への公権力による規制については、裁判所は国民の代表からなる立法府やそれを実現しようとする行政府の判断を尊重し、むやみには違憲とはしない。その規制が明らかに不合理だったり行き過ぎだったりしないかぎり合憲と判断し、国会・内閣の判断を尊重する。

このような違憲審査の対象となっている人権と民主政治との関係に応じて、審査基準を大きく二つにわける考え方を二重の基準論とよぶ。これは、アメリカの憲法学説・判例で構築された論理であり、日本の憲法学説にも大きな影響を与えた。日本の最高裁判所は、表現の自由の民主政治にとっての重要性を強調してはいるものの、この論理に依拠して表現の自由への制約を違憲とする判決をだしてはいない。その意味では日本の人権裁判では二重の基準論はまだ確立した論理ではない。他方、経済活動の自由への規制については立法府・行政府の裁量を尊重する合憲判決を出しているが、近年、日本の憲法学説でもこの論理への批判が有力に展開されている。しかし、国民主権を宣言し、国会を国権の最高機関としながらも、八一条が裁判所に違憲審査権を与え、経済的自由の規定についてのみ、経済の発展や弱者保護などの公共の福祉による制約があり得ることを特に明文で規定している日本国憲法の規定ともマッチした論理と言える。

最高裁が違憲無効判決をださない理由

〈民主制の根本問題〉

ここまで理解したところで、最初の問いに戻ろう。なぜ最高裁判所は一票の格差問題で違憲としながらも選挙を無効とすることに慎重なのか。それは、この問題が民主政治の根幹に関わる本質的な問題だからである。だから、本来なら国民の代表である国会が解決するべき問題なのである。すでに引用したように、日本国憲法も四三条二項、四七条で国会が法律でこの問題を解決すべき事を求めているのはそのためである。つまり国民に対して政治責任を負うわけではない立場の、また国民から距離のある裁判所が強権を発動しない方がよい問題なのである。だから、不平等な選挙を違憲無効とはせず、最高裁判所は国会に対して何度も繰り返し定数是正の責任を果たすべきことを求め、それが果たされないなら選挙無効もあり得るとしてきたのである。

したがって、最高裁の再三の警告にもかかわらず、憲法の立憲民主政治の根本に関わる「一票の格差」が放置され続けるなら、今後、最高裁も選挙を違憲無効とすることはあり得る。アメリカでもかつては選挙区割りの問題は統治行為(アメリカでは政治問題という)だとして裁判所は判断を避けてきたが、連邦最高裁が違憲判決をだし、自ら区割りまでして見せた。日本の最高裁判所も違憲判決をだし、選挙を無効にする判決を出すことは、理論的にも可能だ。特に、「民主政の過程」を健全に保つことが違憲審査制度にとって重要な課題であるとすれば、まさに民主政の過程が壊れてしまっている「一票の格差」の問題は、裁判所が積極的に介入して是正すべき問題とも言える。

違憲無効判決を出す場合の最大の問題は、判決にどのような効果を与え、国政に大きな混乱を来さないために、選挙の効力をどうするかだ。広島高裁岡山支部判決が示したとおり、「長期にわたって投票価値の平等に反する状態を容認することの弊害に比べ、無効と判断することによる政治的混乱が大きいと直ちにいうことはできない」（行政事件裁判例集）と言えるような方法を最高裁が示す事が必要だ。

〈国会の仕事、主権者の力〉

私たちが確認すべきことは、仮に最高裁が違憲無効判決を出したとしても、一票の格差という民主主義の根本に関わる問題は、本来は国民の代表である国会が解消すべき問題だということだ。この問題の根本的な解決をできるのは、国権の最高機関である国会であり、その国会を動かすのは主権者国民の政治的な能力である。

第七章　共通番号制度とプライバシー
——利便と人権は二者択一ではない

便利なマイナンバー導入——低いプライバシーへの関心

二〇一三年五月二四日、共通番号制度関連法（マイナンバー法）が成立したことにより、国民一人一人に一二桁の番号を割り振り、所得、納税、社会保障や災害支援などに活用する共通番号「マイナンバー」制度が二〇一六年一月から開始される。

二〇一三年五月二五日付け読売新聞社説「共通番号法成立　公正な社会保障への大きな一歩　情報漏えい対策に万全を期せ」は、「共通番号制度は、顔写真やＩＣ（集積回路）チップの入った『個人番号カード』を国民一人ひとりに交付し、行政機関が社会保障給付や納税を管理する仕組みだ」としてその利便性と重要性示す。この番号を使って同一名のデータを統合する「名寄せ」ができるため、行政の効率化を図ることができる。例えば、「所得のほかに、年金、医療、介護の保険料負担、給付などの記録を結びつけることが可能になる」。また「年金の支給漏れの防止などにも役立つだろう。きめ細かい行政サービスを実現するためには、欠かせない制度である」。さらに「国民にとっても、年金給付の申請の際、住民票や所得証明書が不要になるなど、メリットは大きい。パソコンで自分の年金や納税の状況を調べることもできる」ことも指摘し、同社説は、この法律を「公正で効率的な課税や社会保障給付を行う重要な基盤」と位置づけ、日本での導入を「歓迎したい」と述べる。

二〇一三年五月二五日付け朝日新聞「共通番号法が成立　個人情報九三項目、政府が一元管理」によれば、共通番号制度で政府に管理され得る情報は、収入、家族の状況や資産はもちろん、医療費や福祉、雇用や教育に関する情報まで九三項目にのぼる。

しかし、便利な制度には大きな危険もつきものだ。これらの膨大な個人情報を公権力が容易に把握することが、個人のプライバシー権を保障する憲法一三条(個人の尊重)に違反しないようにするためには、相当に慎重な配慮が必要だ。それにもかかわらず、プライバシーへの危機意識は約一〇年前の住基ネット導入の時に比べて著しく低い。この変化に着目しながら、共通番号制とプライバシー権の問題を考えてみたい。

住基ネットとプライバシー

〈住基ネットへの危機意識〉

二〇〇二年八月五日から稼働した住民基本台帳ネットワークシステム(住基ネット)が導入された際には、大きな議論が巻き起こった。国民全員に一一桁の番号(住民票コード)を付け、このコードとともに氏名、生年月日、性別、住所の四情報とこれらの変更情報からなる本人確認情報を住基ネットで管理する。パスポートの申請や年金の請求などで住民票の添付が不要になるなどの利便性があり、住民サービスの向上、行政事務の効率化等に役立つとされていた。

しかし、プライバシー情報の大量漏洩の可能性が指摘され、多くの反対運動が起こっただけでなく、住民基本台帳の管理にあたる自治体の中には参加を見送るところもでてきた。また、横浜市のように住基ネットに情報を登録するかどうかを住民個人が選択できるようにする自治体もあった。

〈住基ネット訴訟〉

自らの情報を住基ネットから削除することを求める訴訟も大阪、金沢など各地で行われた。訴えを起こした人々は、住基ネットにより管理される四情報が、名寄せされ、データマッチングされて、予期しない範囲で行政機関に保有されて利用される危険性があり、憲法一三条が保障するプライバシー権や自己情報コントロール権を侵害すると主張した。

プライバシー権は日本国憲法第三章に人権として列挙されていない。しかし、憲法に列挙されていない新しい人権も、「自律的な個人の人格的生存に不可欠の権利・自由」(芦部前掲書一一八ページ)は、「個人の尊重」と幸福追求権を定めた一三条によって保障されていると解される。最高裁も憲法に列挙されていないものでも「個人の私生活上の自由」が一三条により保障される、としている。

住基ネット訴訟最高裁判決でも、「憲法一三条は、国民の私生活上の自由が公権力の行使に対して保護されるべきことを規定しているものであり、個人の私生活上の自由のひとつとして、何人も、個人に関する情報をみだりに第三者に開示又は公表されない自由を有する」としている。

個人情報を自らコントロールし、みだりに公開されない権利が一三条で保障されているところまでは同じでも、その先の判断は裁判所によって異なった。多くの判決が住基ネットはプライバシー権に対する正当な理由に基づく制約であるとした。しかし、二〇〇五年五月三〇日金沢地裁は、住民票コードを鍵にして行政機関が持っている様々な情報を結びつければ「個人が行政機関の前で丸裸にされるような状態になる」として、ネットワークからの離脱を認めた。二〇〇六年一一月三〇日の大阪高裁判決は、防衛庁が自衛官募集のために自治体から住民基本台帳に記載された氏名や住所などの他、健康状態や技術免許などの情報を受けていた二〇〇三年の事件に言及し、「プライバシー情報が本人の予期しないところで利用される危険が相当ある」として、不安を抱く住民の離脱を認めた。

〈最高裁判決〉

それでは最高裁はどうだったか。二〇〇八年三月六日、最高裁は大阪訴訟の高裁判決を破棄し、金沢の訴訟を含む三件の上告を棄却した。憲法一三条が保障する「個人の情報をみだりに第三者に開示又は公表されない自由」を住基ネットが侵害しない根拠のひとつを、管理・利用される情報が当然開示を予定され「秘匿性が高いとはいえない」氏名・生年月日・性別・住所の四情報と住民票コード及び変更情報に限られることに求めた。また、主張された情報漏洩の具体的危険性はないし、秘密漏洩は懲戒処分又は刑罰で禁止されていると指摘する。さらに、名寄せとデータマッチングにより個人情報を「本人の予期しないときに予期しない範囲で行政機関に保有され、利用される具体的な危険が生じている」という主張も、そのような行為が刑罰の対象になることなどを理由として、具体的危険が生じているとはいえないとした。

住基ネットと共通番号制への反応の違い

〈変化の要因は？〉

共通番号制度は「秘匿性が高いとはいえない」四情報だけでなく、九〇を超える個人情報がこの番号で照会・把握できる制度である。プライバシーへの脅威は格段に高いのに、その点への批判は高まりをみせていない。住基ネットには批判的だった民主党も共通番号制度は積極的に実現しようとしてきた。

この社会の対応の違いはどこから来ているのだろうか。たしかに、IDなどを使って個人情報をネット上でやりとりして様々な取引などを行うことの利便性に私たちは慣れ親しむようになった。また、読売新聞社説が指摘するとおり、「二〇〇二年に稼働した住民基本台帳ネットワークシステムが、安定的に運用されていること」、「一〇年以上、深刻な情報漏れ事故も起きていない」ことも「国民の不安感は薄らいだ」要因と言えるだろう。しかし、それだけではなく、この変化は、私たちの権力観や政治観、人権観や思考方法と密接に結びついている。そして、何よりも大きな違いはこの制度がもたらす「利便性」だろう。住基ネットに対しては厳しい批判をよせていたが、共通番号制についてはこれを支持している朝日新聞の社説に注目して変化を検討してみよう。

〈朝日新聞社説の住基ネット批判〉

住基ネットには消極的だった朝日新聞の社説（二〇〇三年二月二四日「統一地方選で民意を　住基ネ

ット」）は、民間金融機関は本人確認に住基番号記載の通知票を利用せよとする金融庁の指導、納税の電子申請の本人確認に住基番号を利用しようとする国税庁の方針などを紹介したうえで次のように指摘した。「総務省は、『住基ネットを使う事務は限られているし、民間の利用は禁じられている』と説明する。だが、このままでは住基番号の使われる範囲がどんどん広がり、民間の利用もなし崩し的に認められそうだ」。そして、「納税者番号制度については、税逃れをなくすのに必要だと考える」とした上で、「しかし、そうした情報を住基番号で一元化すると、さまざまな個人情報が横につなげられて、役所のファイルに蓄積されたり、それが不正に使われたりする恐れがある。外部に漏れると、情報量が大きいだけに、その被害は甚大なものになるだろう」と述べている。さらに、「こうした危険を考えると、国会で個人情報保護法が成立しても、住基ネットへの不安が消えるわけではない」と指摘している。

二〇〇三年四月二三日社説「外部提供もっと厳格に　住基情報」では、防衛庁が自衛官の募集のために約3割の自治体から住民基本台帳にある氏名や住所などの情報を受けていたことを取り上げ、「18歳前後の『適齢者』を自治体が選び出して、その情報を外部に提供するのは、閲覧に限った住基法に違反する可能性がある」と批判した。

さらに、二〇〇三年六月二八日社説「市町村の選択に任せよ　住基ネット」は、総務省が自治体に独自の解釈で住基ネットに参加しないことはできないとの「通知書」を送ったことをとりあげて、住基ネットを通じて個人情報をどこからでものぞくことができる危険性、国民全員に番号を付けることによる悪用の危険などを指摘して、参加を強制すべきではないと論じた。

また、大阪高裁が住基ネットからの離脱を求めた住民の主張を認めたのを受けて、二〇〇六年一二月六日社説「住基ネット　離脱の自由を認めよ」では、「行政機関に勝手に個人情報を使わせないためには、第三者による監視機関を設ける必要がある。目的外に利用しているかどうかは、監視機関が審査する。自分の情報がどのように使われているのかを知りたい場合には、監視機関に問い合わせができるようにすればいい」と提案していた。そして「それでも不安がぬぐえないという人達には、やはり住基ネットに加わらない自由を認めるしかあるまい」と結論づけている。

〈朝日新聞社説の共通番号制論〉

しかし、共通番号制度についての朝日新聞社説の見解は、これとは趣が異なる。民主党政権下で閣僚級検討会が具体案作りに動き出した二〇一〇年二月二八日の社説「共通番号制　目的は社会保障の強化だ」は、住基ネットが個人情報漏洩の危険についての不安をぬぐえない上、導入の目的すら曖昧なままであったと指摘し、共通番号制を打ち出した最大の理由が社会保障の強化にあることを国民にきちんと説明する必要があると強調している。その上で、この日の社説では「プライバシー保護を徹底するために、現行の住基ネットの制度を根本から作りかえる」ことが主張され、二つの提案がなされた。第一に、「土台の『基礎番号』と、税、年金、医療など日常的に国民が利用するそれぞれの番号に分けてデータベースをつくる。個人情報を1カ所に集めないので、万一情報が流出しても影響を小さくできる」。第二に「番号の導入に伴うプライバシー保護の法律もつくる。利用目的の制限など、厳格な運用を盛り込む。第三者による専門の監視機関を設けることも欠かせない」。

この社説では、プライバシーへの配慮が示されている。しかし、その結論はまた「信頼」だ。「何よりも、政府が情報を悪用しないと国民に信頼されることが大前提だ」と結ばれている。

すでに紹介した二〇一三年五月二六日社説「共通番号制度　公正な社会への道具に」は、これから三年後に共通番号法が成立したのを受けて書かれたものだ。ここでは基礎番号と税、年金などそれぞれの番号を分ける主張もみられず、住基ネットについて批判してきたこれまでの社説との一貫性を疑問に感じるほどプライバシー保護の観点は後退している。たしかに「共通番号で最大の懸念は、個人情報が大量に漏れて、第三者に悪用されることだ。利用範囲を広げれば、被害はさらに大きくなる。まずは制度を定着させていくべきだろう」として、不正利用への懸念も論じられている。また、「それには行政側の規律はもちろん、情報漏れや不正利用を監視する第三者委員会の役割が極めて重い。陣容を充実させなければならない」と主張し、さらに「自分の情報を、いつ、誰が、なぜ利用したかを自分のパソコンで確認できる『マイポータル制度』は自己情報のコントロールの点で大きな前進だが、ＩＴに弱い高齢者らがこれを使った犯罪に巻き込まれないよう、細心の目配りが必要だ」とも論じた。

住基ネットについては、個人情報の利用範囲拡大の危険性を強調し、これに参加しない自由さえ主張してきた朝日の社説は、共通番号制については、「被害は大きくなる」ことを指摘しつつ「まずは制度を定着させていくべきだ」とする。ここだけ読めば、第三者委員会とマイポータル制度の創設でこれまで指摘してきたプライバシーの問題は一気に解決されたかのようである。これまで個人情報漏洩の危険性について厳しく追及してきたのならば、その問題が今回の法律でどのように解決されるのかを丁寧に示してほしいところだ。これについては、例えば、民主党政権下で作られた要綱が発表されたときに書かれた二〇一一年五月二九日付け社説「共通番号制　練られた内容と懸念と」でも「情報は省庁のデータベースで分散管理し、一元化はしない」こと、「個人情報の扱いを監視する独立性の高い第三者機関をつくる」こと等が盛り込まれたことを指摘して一定の評価をしている。

しかし、今回制定された法律では、二〇一〇年一〇月の社説で主張された共通番号の他に「税、年金、医療など日常的に国民が利用するそれぞれの番号」を設ける仕組みは実現されず、個人情報が従来通り各行政機関で分散管理されることになっただけである。先に紹介した二〇一三年五月二五日付け朝日新聞「共通番号法が成立　個人情報九三項目、政府が一元管理」は、「税務署や市町村、日本年金機構などの行政機関がばらばらに管理している個人情報をネットワークでつなぎ、一六年一月から順々に行政機関が番号を使って必要な情報を取り出せるようにする」ことを「政府が一元管理」と表現している。この記事を書いた松浦新記者は「共通番号制度法では、不正利用を監視するために特定個人情報保護委員会をつくり、罰則ももうける。しかし、委員会はわずか数十人で始めることにしており、全国で不正を監視するのは極めて難しい」と結んでいる。

〈説明を免除する「信頼」〉

従来の主張との整合性にもかかわるこれらの問題についての丁寧な説明を欠いているかわりに使われているのは「信頼」だ。しかも、二〇一〇年二月の社説では、政府が国民に信頼される存在となることが共通番号制の大前提だとしていたのに対して、二〇一三年五月二六日社説「共通番号制度　公正な社会への道具に」では、「様々なリスクがあるなかで、共通番号の利点を最大限に引き出すには行政への信頼が欠かせない」としており、国民が行政への信頼を与えることが求められている。であればなおさら、これまで様々な手段で住基ネットの利用範囲の拡大を画策してきた行政を批判し、信頼できない人には参加しない自由を主張してきたこととの整合性を説明しなければ読者は納得できないのではないだろうか。上記二〇一一年五月の社説で示した「練られた内容」で十分「信頼」に値するということなのか否か、合理的な説明を期待したいところだ。

〈利便性・有益性との二者択一〉

住基ネットとは異なり、共通番号制度については積極的に利用範囲を拡大し、政府を信頼せよと朝日新聞社説が説く理由は何か。社説から読み取ることのできる最大の理由はその利便性、有益性だ。「不人気で利便性も乏しいために、ほとんど使われていない」(二〇一〇年二月二八日社説)住基ネットとちがって、社会保障の強化、適切な所得の再配分と格差の縮小、「公平・公正な社会を担保するシステム」(二〇一三年五月社説)として共通番号制度は機能させられる、と考えられているからである。

共通番号制度がどれほど有益だとしても、プライバシー権にとって大きな危険性をもっていることには変わりない。そのことへの配慮を欠いたまま利便性・有益性を理由に肯定するのは、朝日新聞の社説が「利便性・有益性と危険性」を天秤にかけて、「危険性に目をつぶり有益性をとるべきか、有益性を犠牲にしても危険性を避けるべきか」の二者択一をしようという発想に立っているからだ。例えば、すでに紹介した二〇〇三年二月二四日付け社説「統一地方選で民意を　住基ネット」では、

「便利さをとるか、それがもたらす危険にこだわるか。住基情報の管理をゆだねられている市区町村長も、国民もその選択に迷うのは当然だ」との表現がある。また同年四月一八日の社説「住基ネットも争点だ　地方選挙」でも、住基ネットによるプライバシー侵害の可能性に触れて「利便性をとるか、危うさを重視するか、議論が煮詰まらないまま、住基ネットは昨年八月に動き出した」との表現もある。利便性をとるのか、危うさを重視するのかの二者択一で制度の評価を決める。そして決定的な要因はどれほど利便性があるか、だ。住基ネットは利便性が低いからダメだが共通番号制は利便性が高いので採用すべきだとされているのではないだろうか。

〈利便性・有益性と人権観〉

　このような利便性のメンタリティーは、私たちの憲法と人権の理解に大きな影響を与えている。二〇一三年三月一四日付け読売新聞「編集委員が迫る 共通番号　生活者が主役　元三重県知事　北川正恭氏」で、「わたしたち生活者のための『共通番号』推進協議会」の代表を務める北川氏は、「共通番号は国家が国民を管理するためのものだ、という見方も一部にありますが、それは違うと思います。民主国家では、人は生まれたときに憲法で様々な権利を保障されています。その権利を守り、公平で便利な社会にすることに役立つのが番号制度です。だからこそ、国が税金を取るのに都合がいい、といった矮小(わいしょう)な内容にせず、生活者が主役となる役立つ番号にすべきです」と述べている。

　ここでは、憲法上の権利は憲法によって定められ、民主国家によって与えてもらい、守ってもらえるものと観念されている。国家は国民をまもるためにあり、国民が国家によって与えられる利益が人権だというわけだ。

つまり国家はか弱き国民の頼もしい保護者だから、人権を保障してくれる。共通番号制は、公正な所得の再分配を通じて社会保障充実しより厚く人権を保障するための制度だから、プライバシーだなどとわがままを言ってこれを犠牲にしてはならない。これが利便性・有益性を基準に人権を犠牲にする二者択一を行う権力観、人権観ではないだろうか。「利益を与えてくれるから信頼しよう」。こうして「信じる政治」ができあがる。

立憲主義的思考からは
〈二者択一しない自然権思想〉

たしかにヨーロッパで生まれた立憲主義の基礎となっている自然権思想でも、「誰に与えられたわけでもなく、生まれながらに当然に持っている自然権をよりよく保障するために社会契約が結ばれ、国民が国家が組織された」という考え方から出発する。その限りで、国家は自然権の安定的な確保のためにある。しかし、上述した人権観との決定的な違いが三つある。

第一の違いは、自然権が国家によって与えられて初めて保障されるものではないことである。国家以前の自然状態で人がもっている自然権を、他者との衝突からまもるために人は自ら国家を組織すると自然権思想では説明する。第二の大きな違いは、国家や憲法に与えられたのではない自然権をもった人々が、自らそれを安定的に確保するために国家を組織・運営し、そのために憲法を定めることだ。

国民が国家や憲法によって権利を与えられ、守られるのではない。そして、最も決定的な第三の違いは、自然権の安定的保障が国家の目的なのだから、自らが組織し運営する国家でもこれを侵すことがあれば抵抗権を行使できると考えることである。国家・公権力は自然権の安定的な確保を実現する守護神であると同時に人権を侵しうる悪魔だ。味方か敵かの二者択一はできない。個人は国家に丸抱えされて人権を与えてもらうのではなく、公権力の外にあってそれを人権の保障のために自ら使うのである。

このような自然権思想はもちろん「物語」でありフィクションだ。しかし、現実的な必要から生まれたよくできたフィクションなのである。身分制、領主制と絶対王政から個々人を解放するためには、一人ひとりが国家や社会の同意によって与えられたのではない権利を持っているのに、アンシャン・レジームではそれが侵されていると主張することが必要だった。社会による同意による正当化を必要とせず、各人にそもそも備わっている自然権は、いわば大発見だった。他者との衝突から安定的に自然権をまもるために自らが主権者として公権力を創る。その権力が濫用されないように自らの代表に立法権をゆだねて王の行政権を縛る。それでも権力が濫用されがちなのは歴史の示す事実だから、万一公権力が人権を侵すことがあれば自らの代表にさえ従う必要はなく、圧政への抵抗（抵抗権の行使）を行うべきだ。自然権思想は、当時現実に必要とされた統治構造を説明するための物語なのである。

〈共通番号制に当てはめれば〉

このような思考方法を共通番号制に当てはめれば、次のようになるだろう。公権力の外にあってそれを使って社会保障を実現させるために、公権力から自律して政治に参加する個人を維持しなくてはならず、そのためにプライバシー権が必要とされる。社会保障もプライバシー権も両方できるかぎり実現しなければならない。国家の内にあって社会保障をしてもらい、公正な社会を実現してもらうために、プライバシー権は我慢するのではない。

〈ドイツ・イギリスの試み〉

住基ネットや共通番号制問題に詳しく『情報社会と刑法』(成文堂、二〇一一年)などの著書がある園田寿氏は、二〇一三年四月一六日付け毎日新聞「質問なるほどドリ　個人番号法案、自公案は民主案と違う?　=回答・臺宏士」で、共通番号制について「日本では、人間を一つの番号で管理することが民主主義社会にどういう影響があるのかという議論が欠けている」と指摘する。

ドイツでは、共通番号制を採用せずに分野ごとに限定された目的の番号を複数、国民に割り振っている。このような制度に大きな影響を与えたのは、一九八三年に連邦憲法裁判所がだした国勢調査に共通番号を利用すれば情報自己決定権を害し違憲となるとする判決である。これを受けて、連邦議会も共通番号制の採用は許されないという見解にたっている。

ドイツには旧東ドイツの厳しい監視システムによる民主主義抑圧の経験がある。自分の生活と行動が監視され、自分の知らないところで自分に関する情報がやりとりされ、自分の評価が行われれば、自らの意思で行動しづらくなる。「目立つ」ことは控えられ、特に政治的な発言や行動は萎縮してしまう。園田氏の指摘する「民主政治に対する影響」の一端だ。

イギリスではテロ対策を目的として二〇〇六年に制定された国民IDカード法が、二〇一〇年五月に誕生した保守党と自由民主党の連立政権により廃止された。国民IDカード制は、費用対効果が悪い上に、市民的自由を侵害する「恒常的な人権侵害装置」だというのが廃止の理由である。

これらは、いずれも民主政治の主体として個々人を公権力の外におき、国民が自ら公権力を管理・運営する必要性に応え、主権者と公権力の主従関係が逆にならないようにするための措置ともいえる。

〈二者択一でなく両立をさぐる〉

このように憲法の人権の理論や立憲主義の原理からすれば、利便性・有益性を基準に行政の効率化や公正な社会の実現かプライバシー権かを二者択一するのではなく、両方を追及していくべきだ。

読売新聞の社説は住基ネットが問題となっていた時から一貫して利用者の利便性、行政の効率化とともに電子政府・電子自治体の構想もふまえた必要性を説いてきた。しかし、同時にプライバシー保護に万全を期すべきことも求めていた。二〇〇二年八月四日付け社説「住基ネット　プライバシー保護に万全を期せ」では、「情報漏洩の危険に関する技術的な指摘については真摯に耳を傾け、可能な限りの防止策を講じるべきだ」とし、システム運用にあたる職員の意識改革も呼びかけ、「高度情報社会化は、避けることのできない時代の流れである。いたずらに不安心理を煽るのではなく、住基ネット稼働を機に、情報技術の有効利用とプライバシーの保護の両立を冷静に考えたい」としている。

二〇〇三年八月一六日付け読売社説「〝情報漏れ〟懸念なくす努力も必要」では、長野県の田中康夫知事が、情報漏洩の危険性について第三者立ち会いのもと外部からの侵入実験を提起したことを受けて、「情報漏洩の不安があるという主張が聞かれる以上、総務省は、実験に協力してもいいのではないか」と提案していた。

情報化社会での利便性や公正な社会の実現もプライバシーも重要であることに異論のある人は少ない。行政の効率化、社会保障の充実や公正な財の分配のために共通番号制の重要性と必要性を重視すればするほど、プライバシー権の権利性を確立するための立法の提案など、プライバシー権をまもる方策も同時に提案していくべきだろう。

両立の鍵を握るのは、立憲主義という「物語」で、自由の主体であると同時に権利確保のために国家を運営することが想定されている私たち国民個人だ。お上を信じていれば都合よく思い通りに御利益を与えられる。そんなご都合主義的な国家や社会を私達はなお信じ続けるべきだろうか。

第八章　特定秘密保護法――「信じる政治」と情報

増える知らされない情報

国民個々人の情報は「丸裸にされる」という判決が出るほど公権力に管理されているのに、国民に知らされない公権力の情報は実に多い。例えば、高校入試の際に合否判定の対象にされた内申書の所見欄は受験生本人に開示しなくてよいという判例がある。本人に開示されると教師は正しく所見を書けないというのが理由だ。死刑判決を受けた人が再審で初めて無罪を獲得した免田事件では、免田栄さんは、再審請求の中で、一家殺傷に用いたとされる凶器の鉈、返り血を浴びた法被やマフラーなどの着衣を無罪の裏付けとなる重要な証拠として返還することを求めた。しかし、国は「紛失した」としてこれを拒んだ。鑑定を恐れた警察が処分した可能性が高いと言われている。

そして、二〇一四年七月一四日、最高裁判所は、沖縄返還に関する密約文書の開示を求める裁判で、国が文書を保有していないことを理由に不開示とすることは適法だと判断した。

公開されない密約文書

〈沖縄返還密約事件　だまし続けた国〉

一九七二年、沖縄がアメリカから返還される際、アメリカと日本政府は、土地の原状回復補償費四〇〇万ドルを日本側が肩代わりすることなどを密約していた。沖縄返還交渉全般について取材していた毎日新聞の西山太吉記者は、外務省の女性事務官をホテルに誘って情を通じ、関連書類を持ち出すように依頼した。西山氏に対して好意を持っていた女性事務官は一〇数回にわたって沖縄返還交渉に関する文書や写しを持ち出して渡した。そのなかの電文三通の写しを示して、社会党の横路孝弘衆院議員らが密約について政府を追及した。これにより、西山氏は公務員が秘密を漏らすようにそそのかす行為を罰する国家公務員法に違反するとして、有罪判決を受けた。

その後アメリカの公文書館が公開した文書により、密約の存在が裏付けられる。二〇〇六年には、事件当時外務省アメリカ局長だった吉野文六氏も、裁判では存在を否定していた密約があったことを認めた。しかし、国がこの密約の存在を認めたのは、民主党への政権交代後の二〇一〇年のことだ。

西山氏が有罪判決を受けた事件の一審で裁判長を務めた山本卓氏は「検事と外務省は裁判所をだまし通した。『密約はない』と主張し続けたのだから」と述べている（朝日新聞二〇一四年六月七日大阪朝刊「（考・民主主義はいま）沖縄密約事件は警告する　裁判官だまし、国は偽証を続けた」）。出廷した外務官僚は「密約そのものはなかった」と口をそろえ、問題の電文の内容については「記憶にない」とこたえたという。

二〇〇八年には西山氏と支援者たちが外交文書の情報公開を外務省と財務省に求めたが不存在とさ

れたため、裁判所に情報公開を求めた。一審東京地裁は、過去のある時点で文書が存在していたことを証明した後は、それが存在しないことの証明責任は行政が負うとして、国に対して文書の開示を命じた。二審の東京高裁では、国側が意図的に文書を廃棄した可能性があると指摘して、管理のあり方を批判したが、外務省、財務省の「探したが無い」という主張を認め、不開示決定の時点で文書が存在していなかったとみなした。そして、最高裁判決では、文書が作成されていたとしても、不開示の決定時に国が保有していたとはいえないとして、訴えを提起した西山氏側に行政が文書を保有していることを立証する責任があると述べ、不開示を適法と判断したのである。

〈権力を利する最高裁の証明責任論〉

裁判である事実を証明する責任をどちらの当事者が負うかは、勝敗を分ける決定的な要因だ。例えば無罪推定原則は、「多分無罪だろうと推測する」ことを原則とするのではなく、検察側が有罪をきちんと証明しない限り裁判所は被告人を無罪と判断しなければならないという原則だ。「推定」は誰が証明する責任を負うかを示す言葉として用いられる。無罪が推定されるなら有罪を主張する側、違憲推定なら合憲を主張する側が証明責任を負う。証明できなかったらそちらが負けである。

無罪推定原則は典型だが、法はこの推定の語と証明責任の概念を使って大きな支配力と情報を独占する公権力と一個人の間の事実上の巨大な力の格差を法律上は縮小し、公平に近づけようとしている。しかし、この最高裁判決は膨大な情報を持っていてそれを思いのままに隠したり捨てたりできる国の側に証明責任を負わせず、力の格差をさらに拡大させるものだ。

西山氏は「『ないのだから仕方ない』という国の言い分を正当化する判決。こんなことを認めたら民主主義は崩壊する」と判決を批判した（二〇一四年七月一五日付け朝日新聞「沖縄密約、非開示が確定　最高裁判決、請求側に立証責任」参照）。またこの記事で、NPO法人「情報公開クリアリングハウス」の三木由希子理事長は「報道によって文書の存在がわかった今回のケースは異例であり、情報公開の請求者が文書の存在を証明するのは現実的には困難だ。判決はこの実態にお墨付きを与えるものだ」と批判し、「国民の共有財産をしまい込み、都合が悪くなれば捨てるような国の姿勢こそ、厳しく断罪する必要がある」とした。隠蔽体質は地域の学校・教育委員会から外務省・財務省、最高裁判所までこの国の公権力を貫く特徴のようだ。そして、権力側は責任を問われない。

読売新聞二〇一四年七月一五日付け「沖縄密約　不開示確定　文書存在『原告に立証責任』最高裁判決」によれば、「文書がないことを理由とした中央省庁の不開示決定は二〇一二年度だけで二二八七件に上る」という。この記事で松山翔平記者は「国の情報管理の厳格化を目的とした特定秘密保護法が成立した今、行政機関には文書を適性に管理し、開示すべきものは開示する運用を徹底することが求められる」とした。特定秘密保護法は、こうしたこの国の姿勢、責任の問題と切り離して考えることはできないだろう。二〇一三年一二月九日に行われた会見での安倍首相のあの言葉は、こうした国の姿勢を踏まえて評価されるべきだ。

特定秘密保護法とは

〈「断じてあり得ない」根拠はどこに？〉

審議過程では、秘密が際限なく広がる、知る権利が奪われる、通常の生活が脅かされる、といった懸念の声もあった。しかし、そのようなことは断じてあり得ない。今でも政府には秘密とされている情報があるが、今回の法律により今ある秘密の範囲が広がることはない。そして、一般の方が巻き込まれることも決してない。

（二〇一三年一二月一〇日付け朝日新聞「『通常の生活脅かされない』 安倍首相会見の詳細」より）

すでに書いたとおり、「断じてあり得ない」、「決してない」根拠はこの会見ではどこにも示されていない。大事なことは安倍首相や時の行政担当者が「断じてあり得ない」「決してない」と思うことではない。彼がどれほど誠実な人物で、どれほど必死に知る権利を脅かさないようにし、一般の人が巻き込まれないように努力しようと考えているかが問題なのではない。どんなに人格に優れ、運動神経の良い人でも、車を運転するときには保険に加入する。本人が「私が事故を起こすことは断じてあり得ない」と思っているかどうかは関係ないのと一緒だ。どんな思いでいても万一の事態は起こりうるから、その対策は必要だ。知る権利を含めた人権の保障もおよそ同じである。

では「断じてあり得ない」根拠や万一の備えは、特定秘密保護法の定め中に見出すことができるだろうか。

〈特定秘密と秘密指定〉

特定秘密保護法は、「特定秘密」の対象となる情報を、防衛、外交、特定有害活動（スパイ活動）の防止、テロリズムの防止の四つとした。しかし、非常に範囲が広く曖昧で、例えば原発に関する情報もテロに関わるものとして特定秘密に指定できる、との批判が出されている。

上記四項目について、情報を管理する行政機関の長(防衛大臣、外務大臣、警察庁長官など)が「特定秘密」に指定する権限をもつ。情報を管理する行政機関の長が特定秘密を指定することから、行政機関が国民に知られたくない情報を特定秘密に指定して隠すことができる、と批判されている。

〈秘密漏洩への厳罰〉

指定された特定秘密を漏らした公務員には最長で懲役一〇年の刑罰が科され(二三条)、それをそそのかした者も最長懲役五年の刑が科される(二五条)。国家公務員法(一〇九条、一一一条)では秘密を漏らした公務員、そそのかした者への最も重い刑は懲役一年であることに比べると厳罰化された。

二二条は、この法律の解釈適用について、一項で拡大解釈により人権を侵害してはならないとし、二項では「出版または報道の業務に従事する者の取材行為については、専ら公益を図る目的を有し、かつ、法令違反または著しく不当な方法によるものと認められない限りは、正当な業務による行為とする」と定めた。しかし、「出版または報道の業務に従事する者」とは誰か、フリージャーナリストは含まれるのか、法律、政治、歴史の研究者や市民運動に携わる一般人は含まれるのかは不明だ。

厳罰化によって取材を受ける側の公務員も、マスコミ、研究者や市民も萎縮するのではないかと懸念されている。

〈秘密指定の有効期間と情報公開〉

秘密指定の有効期間は五年を超えない範囲で定められ（四条一項）、五年を超えない範囲で延長できる（同二項）。全体で三〇年を超えてはならないのが原則だが（同三項）、「やむを得ない理由を示して内閣の承認を得た場合」はさらに有効期間を六〇年まで延長できる。しかも、「武器、弾薬など防衛の用に供する物」「現に行われている外国政府、国際機関との交渉に不利益を及ぼすおそれのある情報」「情報収集活動の手法または能力」など七項目に関する情報は例外で、六〇年の制限もない（同四項）。三〇年を超えた文書は「歴史公文書」として国立公文書館に移管しなければならないが、三〇年を超えない文書は首相の同意を得て破棄することもできる。

〈第三者機関〉

特定秘密の指定など法律の運営に問題がないかをチェックする第三者機関の必要性も強く主張された。秘密指定に首相の同意を求めるみんなの党との法案修正協議で、当初与党は「首相の第三者機関的関与を明確にする」としていたのは、驚くべき事だ。秘密指定をするのは大臣など各行政機関の長だが、行政の統一性と効率性を確保するために首相は任意に彼らを罷免する権限を与えられて、強い支配力を持っている。首相は秘密指定の最高責任者と言ってもよく、その意味で当事者であり、第三者とはほど遠い。

こうした批判を受け、内閣府に情報保全監察室が設置される。また独立公文書管理監も設けられる。両者は、①特定秘密の指定及び解除、②特定秘密の有効期間の設定・延長、③各行政機関の特定秘密の記録された行政文書の管理の適否を検証、監察し、不適切なものには是正を求める、④各行政機関の特定秘密の記録された行政文書の廃棄の可否を判断することを所管とすることが構想されている。他にも内閣官房に各省庁の次官級で構成される保全監視委員会が設置され、①特定秘密の指定・解除状況、②有効期間の設定・延長、③各行政機関の適性評価の実施状況をチェックし、④首相による国会等への報告を作成することとなっている。首相が第三者機関だとするよりもよいが、政府の中につくられる身内の組織であることにはかわりない。

この批判に応えるために、国会にも衆参両院に「情報監視審査会」が設置されることになり、特定秘密保護法の運用を監視する。両院の議員8人ずつで構成されるこの審査会では、政府から特定秘密の指定について定期的に報告を受け、報告が適切かどうか審議し、運用の改善も勧告できる。しかし、政府は安全保障に著しい支障を及ぼすおそれがある場合には秘密の提供を拒否できるし、この審査会の勧告には強制力がない。

〈秘密保護の必要性〉

二〇一三年一二月八日付け読売新聞「スキャナー　秘密　九割は衛星画像　保護法　運用チェックに課題」は、特定秘密保護法の対象の「九割が衛星写真で、あとは暗号がある。戦車の装甲は何ミリかとか、砲弾の飛ぶ距離も秘密だ。それらを取ろうとしている外国に加担してはいけない、というのがこの法律だ」とする安倍首相の言葉を紹介しつつ、次のように述べる。「特に中国は最新鋭ステルス戦闘機から空母まで、あらゆる分野で軍事力の近代化を進めており、『米軍や自衛隊の機密情報を何としても手に入れようとしている』（防衛省幹部）。米国防総省は五月に発表した年次報告書で『中国軍と政府は防衛機密を得る手段として、サイバー攻撃や産業スパイなどの『非合法な活動』を支援している』と指摘した」ことを示している。

また、日本の安全の保障にアメリカなどの同盟国との連携を強めるためには、それらの国々の情報が日本から漏れないようにすることが不可欠だというのがこの法律制定の主たる理由だとされている。同じ読売新聞の記事は、「機密漏洩に厳しい罰則がある米政府は、日本政府に秘密保護法制の整備を強く求めてきた。日米同盟が緊密になり、機密を交換する機会もふえているためだ。特に二〇〇七年、特定秘密と同様に厳格に管理される『特別防衛秘密』にあたる海上自衛隊のイージス艦情報の流出が発覚したことについて、米政府は強い衝撃を受けたという」とも述べている。こうした事実を前に、「政府の秘密など一切認めない」と言い張る人はほとんどいないだろう。しかし、この国の隠蔽体質を考えればなおのこと、民主的な権力のコントロールのために知る権利とそれを実現する取材・報道の自由を確保しなければならない。

〈**取材・報道の自由と知る権利への具体的な担保は？**〉

重要なことは、取材・報道の自由とそれによる国民の知る権利の保障のためにどのような具体的な担保があるかだ。首相をはじめとした推進・運用する側の「気持ち」は理解できたとしても、秘密の保全と民主政治に不可欠な取材・報道の自由や知る権利との両立のためには、それを鵜呑みにしてただ「信じる」わけにはいかないのである。

特定秘密保護法の施行に向けて政府が行っている運用基準の素案に対し、連携を強めることが必要という同盟国・アメリカ側からも批判がなされている。ジョンソン政権からオバマ政権まで米政府の高官アドバイザーとして日米関係に関わり、ニクソン政権時代にはキッシンジャー国務長官の腹心として沖縄密約にも携わったモートン・ハルペリンは、パブリック・コメント(意見公募)で、「何を秘密にしてはいけないかという指標がない」と指摘し、また政府の「違法行為に関する情報の秘密指定を禁じるべきだ」としている。政府は違法行為を行ったり、国民を欺いた上に証拠を廃棄しても「お咎めなし」なのだから、ここは特に重要だ。さらに、ジャーナリストが秘密を暴こうとすれば刑事罰を科せられかねないことに関して「人々が情報を得られるように政府役人に説得する努力は刑罰の対象に含まれないことを明確にするべきだ」とも指摘している。安全保障と知る権利に関する国際ルールである「ツワネ原則」の策定にも関わったハルペリンは、特定秘密法成立時にも「二一世紀に民主国家で検討されたもので最悪レベル」とも発言している(二〇一四年八月二三日付け朝日新聞「(特定秘密法) 運用基準『甚だ不十分、改訂を』 米・安保専門家、パブコメ提出」)。

二〇一四年九月一〇日、政府は、パブリック・コメントを踏まえた特定秘密保護法の運用基準の修正案を情報保全諮問会議に提示した。そこでは、「国民の知る権利は憲法の保障する表現の自由や民主主義社会のあり方と結びついたものとして十分尊重されるべきもの」であるとの表現を追加した(九月一〇日付け毎日新聞夕刊「特定秘密保護法:『知る権利』尊重明記 運用基準二七カ所を修正」)。しかし、そうした「十分尊重されるべき」といった抽象的言葉よりも、必要なのは具体的な措置や担保だ。例えば、政府の違法行為に関する情報を秘密指定できず、裁判では違法でないことの証明責任は国側が負うといった仕組みである。

〈正当な業務行為とは〉

特定秘密保護法二二条二項は「出版または報道の業務に従事する者の取材行為」は、公益目的で違法又は著しく不当な方法によるものでなければ、「正当な業務による行為とする」と定めていることを確認した。ここに言う正当な業務による行為とはどのようなものか。医師が手術のために患者の身体にメスを入れる行為は、人を刃物で切り付けるのと同じく傷害罪にあたる行為だが、治療目的の医療行為をとがめる人がいないのは、それが必要で正しい行為だからだ。このような行為は正当業務行為と呼ばれ、違法とはしない。ジャーナリストの取材行為もこれと同じであり、罰しないということである。

ところが、すでに指摘したとおり「報道の業務に携わる者」とは誰かが曖昧なだけでなく、「法令違反または著しく不当な方法」も同様に曖昧なままだ。この規定は、先に紹介した西山記者の外務相秘密電文漏洩事件の最高裁決定(昭和五三年五月三一日最高裁第一小法廷)を踏まえたものだ。同決定の中から基準をさがしてみよう。

特定秘密保護法下での報道・取材の自由——外務省秘密電文漏洩事件決定から考える

〈報道の自由の重要性と取材の自由〉

まず確認しておきたいのは、この決定(最高裁判所刑事判例集三二巻三号)が博多駅フィルム事件(佐世保に原子力空母が入港する事に反対する学生と機動隊の博多駅での衝突を撮影したビデオフィルムを裁判所がテレビ局に事件の証拠として提出させたことに対して、将来の自由が害されるかどうかが争われた事件)での昭和44年最高裁大法廷決定を引いて次のように述べていることだ。

報道機関の国政に関する報道は、民主主義社会において、国民が国政に関与するにつき、重要な判断の資料を提供し、いわゆる国民の知る権利に奉仕するものであるから、報道の自由は、憲法二一条が保障する表現の自由のうちでも最も重要なものであり、また、このような報道が正しい内容を持つためには、報道のための取材の自由もまた、憲法二一条の精神に照らし、十分尊重に値するものといわなければならない。

博多駅フィルム事件最高裁決定は、取材の自由に関するリーディングケースとなり、後の最高裁判決に引きつがれている。そこでは、報道の自由が民主主義社会において「憲法二一条が保障する表現の自由のうちでも最も重要なもの」だとされる一方、報道が正しい内容を持つために必要な取材の自由については「憲法二一条の精神に照らし、十分尊重に値する」という表現を用いている。取材の自由は憲法二一条によって保障される報道の自由とはちがって、十分尊重に値するにとどまる。いわばワンランク下の、制限の対象となりやすい自由と位置づけられ、その後の判例にもこの定式は定着していく。しかし、博多駅事件では、すでに放送済みのビデオテープを裁判所に事後的に提出することが、将来の取材の自由に与える影響が問題になったのと違って、外務相秘密漏洩事件では、取材を行った記者に対して直接刑罰が科されることが問題であり、取材の自由への制約は博多駅事件とは性質が異なるし、それへの脅威もかなりの違いがあることに注目しておきたい。

〈国家秘密と取材行為——正当業務行為〉

次に着目すべき点は国家秘密と報道・取材の関係を次のように論じるところである。

報道機関の国政に関する取材行為は、国家秘密の探知という点で公務員の守秘義務と対立、拮抗するものであり、時としては誘導・唆誘的性質を伴うものであるから、報道機関が取材の目的で公務員に対し秘密を漏示するようにそそのかしたからといって、そのことだけで、ただちに当該行為の違法性が推定されるものと解するのは相当ではなく、報道機関が公務員に対して根気強く執拗に説得ないし要請を続けることは、それが真に報道の目的からでたものであり、その手段・方法が法秩序全体の精神に照らし相当なものとして社会観念上是認されるものである限りは、実質的に違法性を欠き正当な業務行為というべきである。

民主主義にとっての報道の重要性を強調した当然の帰結として、国公法に秘密漏示をそそのかす行為に対して罰則が定められているからといって、ただちに取材活動が罰せられるものではない、と最高裁は指摘した。特定秘密保護法二二条二項は、この最高裁の考えを踏まえた規定だ。この論理に依拠すれば、検察側が西山記者の取材行為は正当業務行為にあたらないことを証明しなければならないはずである。

〈認められない取材活動——正当業務行為の判断基準〉

最高裁判所は、さらに認められない取材活動について次のように述べる。

取材の手段・方法が賄賂、脅迫、強要等の一般の刑罰法令に触れる行為を伴う場合は勿論、その手段・方法が一般の刑罰法令に触れないものであっても、取材対象者の個人としての人格の尊重を著しく蹂躙する等法秩序全体の精神に照らして社会観念上是認することのできない態様のものである場合にも、正当な取材活動の範囲を逸脱し違法性を帯びるものといわなければならない。

つまり、違法な行為として罰せられるかどうかの基準は①取材の手段・方法が一般の刑罰法令に触れる行為を伴うかどうかと、②そうでない場合でも取材対象の個人としての尊厳を著しく蹂躙するなど法秩序全体の精神に照らし社会観念上是認することができないかどうかの二点である。

このような方針を示した上で、この事件について最高裁は「当初から秘密文書を入手するための手段として利用する意図でA（女性事務官＝引用者）と肉体関係をもち」、その結果「依頼を拒みがたい心理状況に陥ったことに乗じて秘密文書を持ち出させた」として、次のように判断した。

（取材対象である女性事務官の）個人としての人格の尊厳を著しく蹂躙したものといわざるをえず、

このような（西山記者の）取材行為は、その手段・方法において法秩序全体の精神に照らし社会観念上、とうてい是認することのできない不相当なものであるから、正当な取材活動の範囲を逸脱しているものというべきである。（カッコ内引用者）

この最高裁の判断について、憲法学者斉藤愛氏は次のように述べている。「本件の場合、X（西山記者＝引用者）の行為が前者の①に該当しないということは明らかである。では、Xの行為は、後者②に当たるであろうか。この点については、たとえ、Xが秘密文書を入手するための手段として利用するためだけにAと肉体関係を持ったとしても、Aも判断能力のある成人であることを考えると、果たしてXはAの『人格を蹂躙した』とまで言えるか、甚だ疑問である」（斉藤愛「国家秘密と取材の自由 外務省秘密電文漏洩事件」長谷部恭男他編『憲法判例百選Ⅰ〔第6版〕』〔二〇一三年、有斐閣、一七一ページ〕）。

鍵を握る国民の意識

〈影響大きい世論〉

現実に問題が起これば、判例の第二の基準である取材対象の「個人としての尊厳」を著しく蹂躙するなど「法秩序全体の精神に照らし社会観念上是認」することができないかどうかが最大の争点になることは容易に想像できる。だとすれば、「個人としての尊厳」とはどのようなもので、それを「著しく」「蹂躙」する行為をどのようなものか、それらと法秩序をどう関係づけるべきかについて、私達が「社会観念上」どのように考えるかが国家秘密に対する取材の自由と知る権利を実現するためには極めて重要である。

西山記者の事件では、横路議員等が密約疑惑を国会で追及し始めた当初は、世論は国民に隠して密約を結んだ政府を強く非難し、西山記者が逮捕されるとマスコミは言論弾圧だとしてこれを非難した。これに対して佐藤栄作首相はこれと「戦う」と宣言し、週刊誌が西山氏と女性事務官の不倫関係をスクープし、「ひそかに情を通じ、これを利用して」秘密を入手したとする検察の起訴状が公になると世論は一変し、西山記者が取材のためにとった不道徳な方法に非難が集中した。毎日新聞は「本社見解とおわび」を掲載し、西山記者の「私行」が不道徳であることを謝罪すると同時に、そのことで知る権利の基本である取材を制限し自由を奪う意図があるとすれば問題のすりかえであるから、本質を見失うことなく主張すべき事は主張する、と書いた。しかし、週刊誌、テレビのワイドショーなどは連日肉体関係を結んで情報を入手した西山氏への非難一色となったという。

こうした世論を背景に出されたのが先に紹介した最高裁の有罪決定である。そして、国民の知る権利のために行使されるはずの取材の自由の制限が認められ、外務省側は「密約はない」と裁判所に対しても国民に対しても嘘を言い続けた。その結果、国民の税金一二億三四〇〇万円が国民に知らされないまま使われ、そのことを国は三〇年にわたって隠し続けて来たのである。その上、証拠の書類を捨ててしまってもなんら責任を問われない。これが、私達の国の現状である。

〈民主主義の質を決めるもの〉

世論が不道徳で非倫理的な西山氏の行為への批難に集中したのは、私達の倫理観に著しく反すると考えられたからだ。こうした倫理観は正しい。しかし、民主主義の確立のためには、同じぐらい、「国が国民に情報を隠すことは民主主義にとってよくない」という「社会観念」が必要だ。それを欠いているとしたら、「報道機関が取材の目的で公務員に対し秘密を漏示するようにそそのかしたからといって、そのことだけで、ただちに当該行為の違法性が推定されるものと解するのは相当ではない」とする最高裁の理屈がそもそも不道徳に感じるはずである。もしそう感じるとしたら、それは、私たちが民主主義の主体としてまだ未成熟だということのあらわれである。

放射線の飛散についての予測図は知らされず、飛散する方向に非難させられる。いじめに関して学校がもっている情報も隠され続けて真相は闇に葬られる。死刑判決を受けるような刑事事件でも証拠は開示されず、再審もままならない。そして、四〇〇万ドルの税金が秘密裏に使われたことに関する根拠となる文書は捨てればよく、特定秘密についても「秘密が際限なく広がる、知る権利が奪われる、通常の生活が脅かされる」といったことは「断じてない」という首相の言葉を「信じ」続ける以外にない。このような「信じる政治」をこの先も続けていくべきだろうか。

漏れてはならぬ国家秘密を保護すると同時に民主主義のために必要な情報を国民が知ること、知らせることを両立させなければならない。それがいかに実現されるかは私達のメンタリティーや「社会観念」に大きく左右される。裁判所による法解釈が社会観念に左右されるのは、理論上望ましいことではないかもしれない。しかし、民主主義国である以上、どのような権力の行使もおよそ「国民のため」という正当化が必要だ。そうである以上、私達の意識がその国の権力の行使、政治と社会を決定づけるのは必然である。つまり、民主政治をよくするのも悪くするのも私達国民なのだ。

次に章を改めて、私達の意識の変化が判決の結論を変化させ、法律をも改正させるに至った例をみてみよう。

第九章　非嫡出子の相続分差別——民法改正の原動力は

合憲から違憲へ——最高裁決定の変化

二〇一三年（平成二五年）九月四日、最高裁判所はこれまで合憲としてきた民法九〇〇条四号但し書きを違憲とする決定を下した。民法九〇〇条四号但し書きとは、非嫡出子（法律上の婚姻をしていない男女の間に生まれた子）の法定相続に関する規定であり、非嫡出子の相続分を嫡出子（法律上の婚姻をしている男女の間に生まれた子）の二分の一とすると定めていた。

この規定が憲法一四条の定める法の下の平等に違反しないかどうかは長く争われてきた。一方で、どのような親の元に生まれてくるかは本人にはどうしようもないことなのに、それを理由に相続で不利益を被るのは差別だという主張があり、他方で、法律上の婚姻をしている夫婦とその子どもが優遇されるのは当然で、正しい家族のあり方を維持するには必要だという意見もあった。

すでに平成七年には、最高裁決定が民法九〇〇条四号但し書きは「民法が法律婚主義を採用している以上、法定相続分は婚姻関係にある配偶者とその子を優遇してこれを定めるが、他方、非嫡出子にも一定の法定相続分を認めてその保護を図ったものである」として、その定めが立法府に与えられた合理的な裁量判断の限界を超えたものということはできないと判断した。つまり民法の定める制度にのっとった婚姻(とその家族)を保護しつつ、非嫡出子にも全く相続をさせないのではなく、二分の一を相続させる立法府の判断は不合理ではないとしたわけである。

しかし、平成二五年の最高裁決定は、これを違憲とした。その理由は次のようなものである。

平成二五年最高裁決定

〈憲法一四条一項適合性の判断基準について〉

「憲法一四条一項は、法の下の平等を定めており、この規定が、事柄の性質に応じた合理的な根拠に基づくものでない限り、法的な差別的取扱いを禁止する趣旨のものであると解すべき」である。そして、「相続制度を定めるに当たっては、それぞれの国の伝統、社会事情、国民感情なども考慮されなければならない。さらに、現在の相続制度は、家族というものをどのように考えるかということと密接に関係しているのであって、その国における婚姻ないし親子関係に対する規律、国民の意識等を離れてこれを定めることはできない。これらを総合的に考慮した上で、相続制度をどのように定めるかは、立法府の合理的な裁量判断に委ねられているものというべきである」。したがって、民法九〇〇条四号但し書きの相続分に関する嫡出子と非嫡出子の区別が合理的理由のない差別に当たるかどうかについては、立法府に与えられた裁量権を考慮しても「そのような区別をすることに合理的な根拠が認められない場合」には、「憲法一四条一項に違反するものと解するのが相当である」。

〈家族観等の変遷——最高裁の認識〉

立法府の裁量判断の合理性は、総合的な判断が求められると同時に、これらの事柄は「時代と共に変遷するものでもあるから、その定めの合理性については、個人の尊厳と法の下の平等を定める憲法に照らして不断に検討され、吟味されなければならない」と最高裁は指摘する。一方で時代とともに変遷することを強調し、他方では個人の尊厳(二四条)と法の下の平等(一四条)という憲法の定めに照らして検討することが宣言されている。

このように述べた上で、最高裁は家族観や家族制度の変遷をあとづける。昭和二二年に民法が制定されたときには、家制度は廃止されたものの、「相続財産は嫡出の子孫に承継させたいとする気風や、法律婚を正当な婚姻とし、これを尊重し、保護する反面、法律婚以外の男女関係、あるいはその中で生まれた子に対する差別的な国民の意識が作用していたことがうかがわれる」。また、「昭和五〇年代前半頃までは減少傾向にあった嫡出でない子の出生数は、その後現在に至るまで増加傾向が続いている」ほか、晩婚化や少子化などにより中高年の未婚の子が親と同居する家族が増えたり、離婚件数、特に未成年の子を持つ夫婦の離婚件数及び再婚件数も増加したりするなどしていることから、「婚姻、家族の形態が著しく多様化しており、これに伴い、婚姻、家族の在り方に対する国民の意識の多様化が大きく進んでいることが指摘されている」。また、宗教上の理由で非嫡出子への差別意識が強かった欧米でも子どもの権利の観点から制度改正が行われ、ドイツでは一九九八年(平成一〇年)、フランスでは二〇〇一年(平成一三年)に嫡出子と嫡出でない子の相続分に関する差別がそれぞれ撤廃されている。その結果、欧米では非嫡出子の相続分を差別している国はなくなり、世界でも限られた状況にある。そして、日本は、平成五年に国際人権規約に基づいて国連の自由権規約委員会が、嫡出でない子に関する差別的規定の削除を勧告して以来、再三勧告を受けてきた。

さらに、平成二〇年には非嫡出子の国籍取得について嫡出子と異なる扱いを定めた国籍法について、最高裁が違憲判決を出している。国籍法改正を含めて非嫡出子の異なる扱いを廃止する立法が増えている中、民法九〇〇条四号但し書きがまだ改正されないのは、日本には「全体として嫡出でない子とすることを避けようとする傾向があること、換言すれば、家族等に関する国民の意識の多様化がいわれつつも、法律婚を尊重する意識は幅広く浸透しているとみられること」にあった。

〈違憲判決へ〉

事情の変化を入念に示しつつも最高裁は、「本件規定の合理性に関連する以上のような種々の事柄の変遷等は、その中のいずれか一つを捉えて、本件規定による法定相続分の区別を不合理とすべき決定的な理由とし得るものではない」としながらも、次のように述べた。

家族という共同体の中における個人の尊重がより明確に認識されてきたことは明らかであるといえる。そして、法律婚という制度自体は我が国に定着しているとしても、上記のような認識の変化に伴い、上記制度の下で父母が婚姻関係になかったという、子にとっては自ら選択ないし修正する余地のない事柄を理由としてその子に不利益を及ぼすことは許されず、子を個人として尊重し、その権利を保障すべきであるという考えが確立されてきているものということができる。

以上を総合すれば、遅くともAの相続が開始した平成一三年七月当時においては、立法府の裁量権を考慮しても、嫡出子と嫡出でない子の法定相続分を区別する合理的な根拠は失われていたというべきである（最高裁判所民事判例集六七巻八号）。

判例の明確な変更を行わないまま平成七年判決とは一八〇度違う結論を出していることもあり、この最高裁の判例に対しては、その論理性への批判もなされている。憲法が実社会で機能するべき規範である以上、社会の変化や人々の意識の変化の影響を受けることは当然であるが、他方で憲法を根拠とした司法による公権力のコントロールという観点からは、憲法の定めも解釈の論理も変わらないまま社会の変化によりズルズルと規範の意味が変わることは望ましくない。しかし、現実問題としては、これらの社会情勢と国民の意識、行動の変化がこの違憲判決をもたらしたという事実は重要だ。私達の意識と行動が、憲法解釈に大きく作用することをこの判決は明確に示している。そして、その私達の意識と行動が、最高裁の違憲判決とともに民法改正を実現させた。

民法改正へ――事態を動かす国民の意識

〈遅すぎた差別解消〉

二〇一三年九月五日付け読売新聞「婚外子の相続差別　違憲　最高裁決定　全員一致　『家族形態多様化』」で、社会部の森下義臣記者は、「司法判断も国会の動きも遅すぎた印象を否めない」とし、「この間、世界では相続格差の是正が進んだのに対して、日本は国連から繰り返し是正を勧告された。

もう少し早く差別を解消できなかったのか。政治も司法も自覚すべきだろう」と書いている。

保守的な政治家の中には「不倫を助長してはならない」「家族制度が揺らぎかねない」「家族の絆が壊れてしまう」といった意見が根強くあり、非嫡出子相続分差別の解消は長く達成されなかった。一九九三年、国連から差別を禁じる国際人権規約等に違反するため、この規定を改めるべきだとする勧告を最初に受けたのち、一九九六年には法務大臣の諮問機関である法制審議会から非嫡出子相続分差別を解消する民法改正要綱が答申されていた。しかし、法律婚を重視したい国会議員の反発は強く、一七年にわたって審議することができないできたのである。

〈伝統的な「夫婦」「家族」の崩壊？　自民党法務部会の抵抗〉

違憲判決後も自民党法務部会では、保守系議員が「婚外子への格差をなくせば、法律で認める結婚制度が軽視されかねない、と指摘。伝統的な『夫婦』や『家族』が崩壊する、との懸念を示し」、「西川京子文科副大臣は『民法で婚姻制度を規定している。（法改正したら）民法の中で自己矛盾する』と述べた」（二〇一三年一〇月二四日付け朝日新聞「最高裁違憲判断でも…婚外子差別の法改正に慎重論自民法務部会」）。二〇一三年一一月一一日付け毎日新聞夕刊「特集ワイド：「婚外子相続」巡る大混乱で見えてきた、自民党の統制なき保守」で田村彰子記者は「選良　そんな言葉がどこへ行ったのかと思えるほどの迷走ぶりだった」と表現した。「自民党内で保守系議員の強硬な反発が噴出」し、「党法務部会は決定延期を繰り返し、大混乱」したからである。

しかし、最終的には自民党法務部会も民法九〇〇条四号但し書きを削除する改正案を了承し、二〇一三年一二月四日、参議院本会議で政府提出の法案が可決成立した。これまでの保守系の政治家達の対応からすると驚くほどあっさり改正された、という印象だ。菅官房長官は最高裁の違憲決定後「立法的手当は当然だ」と述べており、自民党法務部会でも「『最高裁の違憲判断を尊重するのは国家の仕組みだ。早々に処理すべきだ』と改正に前向きな意見」も出た（二〇一三年一〇月二三日付け読売新聞「『婚外子』法改正　自民に慎重論　相続差別　違憲判断」）。憲法の仕組みへの理解が進んだことも法改正につながったのだろう。また、自民党と法務省との間で、法律上の婚姻をしている配偶者に配慮した相続制度のあり方を検討することについて合意ができた。

それらに増して、最高裁判例をみれば分かるとおり国民の意識の変化が事態を動かすには重要だった。読売新聞二〇一三年九月五日付け社説「婚外子相続差別　家族観の変化に沿う違憲判断」は、「近年、婚外子の出生が増えている。シングルマザーという言葉も定着した。事実婚も珍しくなくなった。婚外子を特別視する風潮は薄れているだろう」と指摘し、「違憲判断は、こうした流れの延長線上に位置づけられよう」と述べている。また、その裏付けとして二〇一二年の内閣府の世論調査をひき、「婚外子に対し、法律上、不利益な扱いをしてはならないと考える人は六一％に上っている」ことが示されている。

こうして国民意識の変化に支えられた違憲判決とそれへの立法的手当によって、非嫡出子の相続分差別は解消され、最高裁がいうところの「子にとっては自ら選択ないし修正する余地のない事柄を理由としてその子に不利益を及ぼすことは許されず、子を個人として尊重し、その権利を保障すべきであるという考え」が法制度上確立されたのである。個人の尊厳という憲法の基礎を実現する上で、私達国民の意識がいかに重要かを確認したい。

より大きな人権問題へ

〈家族のあり方と個人の尊厳〉

しかし、問題はこれで解決ではない。個人の尊厳と家族法制の関係をどう考えるのかは今後も大きな論点であり続けるであろう。日本国憲法二四条は、一項で「婚姻は、両性の合意のみに基いて成立し、夫婦が同等の権利を有することを基本として、相互の協力により、維持されなければならない」と定め、二項では「配偶者の選択、財産権、相続、住居の選定、離婚並びに婚姻及び家族に関するその他の事項に関しては、法律は、個人の尊厳と両性の本質的平等に立脚して、制定されなければならない」としている。

たしかに、自分では選びようのない親の事情で相続分が差別される民法九〇〇条四号但し書きの廃止で、非嫡出子の個人の尊厳を侵さない相続制度ができあがったことは歓迎すべきだ。しかし、さらに大きな、根本的な問題は、法律上の結婚が成立するために婚姻関係の事実があるだけでなく一定の法律上の手続(日本では婚姻届の提出)を求める法律婚という制度と憲法二四条との関係である。

〈問題となったケース〉

非嫡出子の相続分が半分であることが裁判で争われたと聞いたら、多くの人は「亡くなった父親と同居もせず、老後の世話もしていない婚外子が突然現れて、嫡出子と同じ額の財産をよこせと主張する」といったケースを想定するのではないだろうか。しかし、事態はそんなに簡単ではない。

二〇一三年九月に最高裁決定が下された当事者の一人である和歌山県の女性がおかれた境遇は、これとは全く異なる。二〇一三年七月一一日付け毎日新聞大阪朝刊「婚外子：相続格差訴訟『命の重み半分なのか』会見で女性」によれば、和歌山県でレストランを営むこの女性の父母は、一九六六年に知り合い、一緒に暮らすようになった。小学校三年生の時に両親が法律上の結婚していないことを知ったが「家に帰れば父も母もいて、普通の家庭だと思っていた」。しかしお父さんが亡くなって、「相続分は半分」という壁にぶち当たった。父親が現実に家族生活を営んでいたのはこの女性の母子とであった。それにふさわしい「家族の絆」もあったであろう。しかし、両親が婚姻届を出していないという一点で相続分は半分とされたのである。

そして、裁判所に遺産分割の審判を求めたのは非嫡出子であるこの女性の方ではない。同じ毎日新聞の記事によれば、訴えを起こした嫡出子側は弁護士を通じて「幸せな家庭を壊され、約四〇年間精神的苦痛に耐えて生きてきた。婚外子側は生前に相当な財産を譲り受けた。どこが不平等なのか」とコメントを出したという。父親を奪われ、家庭を壊されたまま四〇年間過ごさざるを得なかった嫡出子側からすれば、半分だって財産を相続させたくなかっただろう。制度上は、父とその妻は結婚生活の実態のない法律婚を四〇年も放置してはならず、離婚届を提出して、そのときに嫡出子は離婚に伴う財産分与を受けるべきだった、ということになる。法律婚の保護は政治の世界でも司法でも大原則だと考えられてきたが、この当事者にとっては法律婚によって保護されてきたのは、非嫡出子には半分しか相続させないということだけだった。

この僅かな保護が無くなった今、法務省と自民党は、法律上の配偶者の相続分を増やす制度改革をすることでこの問題を解決しようとしていると報じられている。しかし、現実の問題としてより重要なことは、婚姻と家族の実態に即した財産の管理と分配が適切にできるような仕組みにすることだろう。その時、問われるのは、婚姻届を出しているかどうかで正しい結婚とそうでない結婚を分け、「ちゃんと生まれた子」と「そうでないかわいそうな子」を区別する法律婚という制度をどうするかということではないだろうか。

〈自由・人権と公権力の保護――という名の干渉？〉

「お上」に保護されたい願望の強い私達は、個人に権力から自由な行動を許すことに消極的だ。そうしたメンタリティーが「法律婚の保護」という考え方にも凝縮されている。

私達の法律婚への指向は諸外国と比べると極端に高い。最高裁判決も指摘しているとおり、全出生数に占める非嫡出子の割合が五〇％を超える国もあるなか、日本は増加しているとはいえ平成二三年でも二・二％にすぎない。そして、婚姻届を出し、お上のお墨付きをもらう幸せな「正しい家族」の保護は、ほとんどの場合「お金」の問題に還元される。婚外子の相続額を半分にする、「不貞行為」には慰謝料を払う、そして、家族は扶養義務を負い、お互いに経済的に助け合う……といったふうに、である。そのような経済的、金銭的保護（あるいは保護という名の干渉）は、本当に必要なのだろうか。婚姻制度がどこの国にもあるのは、それがお上にとって統治の道具として有益だからだ。

しかし、「個人の尊厳」に立脚した家族とは、各個人が自ら自由に選び形成するものであり、またその責任も自ら負うものでなければならないだろう。それに法的な保護を与えるとすれば、なぜどのような保護を与えるのがふさわしいのか、国民が権力に与えてもらうのではなく、自ら権力に実現させるのでなければならない。自律的な個人が自由に行動し、それに公権力は干渉しない。そんな人権の根本とこの問題は深く関わっている。

国民のメンタリティーは社会と政治を大きく動かす原動力だ。私達はこのような意味での人権の実現を望むべきだろうか、それとも権力を信じてまもってもらい続ければいいのだろうか。身近で愛情溢れて暖かいはずの私的な家族というものが、公権力による金銭的な保護の対象となっており、それが差別を生んでさえいる。結婚・家族というテーマは、人権・自由と権力の関係、すなわち憲法のあり方を私たちが考える上で、格好の題材である。

第十章　憲法改正の論点を考える

九六条の発議要件を緩める

〈再び意欲を示す首相〉

二〇一四年二月四日、衆議院予算委員会で安倍晋三首相は、憲法改正手続を定めた九六条一項を「改正すべき」だと述べ、「残念ながら世論調査などで十分な賛成を得ていない。必要性を訴えていきたい」と意欲を示した。

九六条一項は、「この憲法の改正は、各議院の総議員の三分の二以上の賛成で、国会がこれを発議し、国民に提案してその承認を経なければならない。この承認には、特別の国民投票又は国会の定める選挙の際行はれる投票において、その過半数の賛成を必要とする」と定めている。

安倍氏は、首相の座に返り咲くと、九六条一項が衆参両院による発議要件を各院で総議員の三分の二としているところを自民党の改正草案にもあるとおり二分の一にあらためることを積極的に主張した。維新の会やみんなの党もこれを支持し、九六条改正論議は高まりをみせた。

首相は二〇一三年四月九日の衆議院予算委員会で、「三分の一をちょっと超える国会議員が反対しただけで国民が望む改憲を実現できないのはおかしい」と九六条改正を主張する理由を示している。

また、九六条改正を主張する人達が声をそろえて強調するのは、発議要件が厳しすぎるために一度も改正されていないという主張である。二〇一三年四月一七日付け読売新聞「〔憲法考〕安倍首相インタビュー　憲法国民の手で作る」でも「なぜ、憲法は制定されて六十有余年、指一本ふれられなかったか。戦後だけでも米国は六回、フランスは二七回、ドイツは五八回も憲法を改正している。どこも改正手続が厳格な硬性憲法と呼ばれている。ところが、日本は、もっと手続が厳しい。憲法を変えたいと思っている多くの人たちも、心の底では『無理だろうな』と思って具体的なアクションをとってこなかった」と述べている。

日本維新の会代表の橋下徹氏は、二〇一三年二月二八日付け読売新聞「〔憲法考〕日本維新の会　橋下徹・共同代表に聞く　憲法改正　参院選で」で、現実味のある改正論議のために九六条を改正を先行すべきことを強調し、「九六条改正の議論は煎じ詰めれば『国民を信じているのか、いないのか』の議論です。最後は国民投票で決めるんですから」と強調した。

これに対し、九六条改正は政治の混乱を招き、立憲主義を崩壊させると厳しい批判が噴出した。憲法学者・小林節氏は、自身が九条改正を求める改憲論者だとした上で、しかし、憲法改正を「地道に正攻法で論じるべきだ」とし、「『九六条から改正』というのは、改憲への『裏口入学』で、邪道だ」と批判した。「権力者は常に堕落する危険があり、歴史の曲がり角で国民が深く納得した憲法で権力を抑えるというのが立憲主義だ。だから憲法は簡単に改正できないようになっている」。しかし、「改憲のハードルを『過半数』に下げれば、これは一般の法律と同じ扱い」になり、「憲法を憲法でなくすこと」を意味すると論じた(二〇一三年五月四日付け朝日新聞「九六条改正は『裏口入学』憲法の破壊だ」)。

九六条改正は、厳しい批判にあって世論の支持も得られなかった。安倍首相自身も、反対意見が多い今、国民投票に付しても否決されるだろうと二〇一三年五月の参院予算委員会で述べる等、議論は一段落した。しかし、首相は引き続き改正の必要性を訴えていくと改めて述べているので、国民投票に付される最初の憲法改正の論点の可能性も高い。そこで、この問題から考えてみたい。

〈**憲法改正とは何か**〉

憲法改正とは、成文憲法をその憲法の定める手続にしたがって改めることである。日本の改憲論議では「新憲法の制定」「自主憲法の制定」と憲法の改正の語が区別されずに使われてきた。しかし、その憲法の同一性を損なわない限りで(別の憲法になってしまわない範囲で)必要な修正、加筆、削除を行うことが改正である。スイス憲法のように憲法を丸ごと取り替える「全部改正」の定めをおいている憲法もあるが、そのような定めが特に無い限りは新憲法の制定と憲法改正は異なるものと考えるべきである。

では別の憲法になってしまわない範囲という改正の限界とはどの範囲か。まず、その憲法の基本原理を変えてしまうことはできないと考えられている。九六条の改正手続についても国民投票を廃止することは国民主権の原理に反するためできない、と多くの学説が考えている。しかし、国民投票以外の発議部分を改正できるかどうかについては、学説でも意見が分かれている。

〈厳格な改正要件による立憲主義の実現〉

二〇一四年九月二二日付け朝日新聞「(天声人語)民主主義と立憲主義」は、安倍政権は立憲主義という「上から」の拘束に対して反発や憎悪があると述べた哲学者の國分功一郎氏の発言を引いて、「急所を突く診断だと思う」と述べた。そして立憲主義について「政治権力に勝手をさせないために、『下から』の民主的な手続によってもできないことを決めておく。それが立憲主義だ。数の力にものをいわせる民主主義との間には時に対立が生じる」と論じた。

しかし、「下から」の民主的手続と「上から」の立憲主義を対置する天声人語のこの議論は、立憲主義を誤解しているのではないか。

憲法九六条は、多数派の専制に陥らぬよう民主政治に対して立憲主義的な拘束を課すための規定である。しかし、憲法九六条は、衆参両院の総議員の三分の二の意思と国民投票での過半数の意思を必要としており、数の面でも質の面でも通常の法律等より高い正当性を、主権者である国民によって「下から」与えることを求めているといえる。だから、憲法の定める人権をはじめとした規範を、わずか両院の出席議員の過半数の賛成だけで成立する法律で侵してはならないということである。こうして憲法は九六条で他の法律等との民主的な正当性の違いを設定して憲法の最高法規性を裏付け、公権力を縛るのである。

これに対して、改正の発議を両院の二分の一でできるようにすれば、よく指摘されてきたとおり、国会で過半数を得ている時の政権与党の思いのままに憲法改正を発議できるようになる。たしかに、その後に国民投票による承認が行われるので、通常の法律等とは質が異なる。それでも、日本国憲法の定める立憲主義的拘束の民主的な正当性を大幅に引き下げることを意味する。

〈広い合意形成の意欲と能力——ドイツ、アメリカとの比較〉

憲法改正という回路を持たなかったことが戦後日本の立憲主義を歪め、憲法による権力の拘束という観念の定着を阻んできた面はたしかにある。積み重ねられた憲法九条の「解釈改憲」はその典型であり、それが憲法改正なしの集団的自衛権行使の「閣議決定」につながったことは後に論じる。しかし、憲法改正のチャンスを阻んできたのは、九六条の両院三分の二での発議の規定ではなく、三分の二の合意を取り付けることが未だにできない国会、政治家の能力であり、意欲である。

例えば、ドイツでは五九回もの改正が行われてきた。そのドイツでも憲法改正は連邦議会（下院）の三分の二、連邦参議院（上院）の票数の三分の二の賛成が必要とされている。五九回もの改正の際に常に与党が三分の二の議席や票数を確保しているはずがない。ドイツでは、連邦議会の第一党と第二党が連立を組む大連立が行われることがある。現在もキリスト教民主・社会同盟と社会民主党の大連立が組まれている。一九六六年から一九六九年のキージンガー政権、二〇〇五年から二〇〇九年のメルケル政権もそうである。この間はいずれも、連邦議会の三分の二を超える議席を連立与党が占めていた。しかし、この間に行われた憲法改正は合計一八回にすぎず、残りの四一回の改正は与野党間の合意形成の結果である。

戦後ドイツでおそらく最も大きな憲法改正は、西ドイツ時代の一九五六年に行われた再軍備に関するものだろう。一九五三年の選挙で与党キリスト教民主同盟はかろうじて過半数の議席を占めたにすぎず、これを一面で報じる一九五三年九月八日付け読売新聞も「憲法改正になお不足」と大きな見出しを打った。選挙前に連立を組んでいた自由民主党、ドイツ党の議席をあわても改正に必要な三分の二の議席を確保できないからである。しかし、一九五六年二月二五日付け読売新聞「西独、与野党間で一致　新軍隊統括の軍事法案」で報じる通り、一九五六年二月二四日には与党キリスト教民主同盟と野党第一党の社会民主党の間で「新軍隊統括の軍事法」について妥協が成立し、「議会で大多数を確保するとの態度をとることに意見一致」した。また三月七日付け同紙「軍人法、下院通過　西独」で報じられたとおり、三月六日には軍人法とともに「文民に確固とした軍隊統制権を与える十四の憲法修正案も賛成三九〇票反対二〇票で承認された。再軍備反対の社会民主党もアデナウアー首相支持派に合意して憲法修正案を通過させた」。

民主主義が多数決(重大な場面では特別多数)を採用するのは、多様な価値の共存する共同体では全員一致は不可能だからである。だが、共同体のひとつの意思は構成員の総意に近ければ近いほどよい。そこに近づく努力が民主主義には欠かせない。

戦後だけでも六回の憲法改正(「修正」)を行ったアメリカでも、「連邦議会の両院の三分の二の賛成による修正の発議」と「全州の四分の三の賛成」が必要だ。戦前の修正をいれるとアメリカでは全部で一八回の改正が行われているのだが、注目すべきは合衆国憲法への修正案の提出は一万件を超えると言われていることである。一万回のうち一八回しか成立しないのが憲法改正だ。

一万件を超える修正案を提出してきたアメリカや与野党間の広い合意を取り付ける努力を積み重ね

て五九回の改正を行ったドイツと日本の国会を比べてみるべきだ。「無理だろうな」と思って発議案の提出という「具体的なアクションをとってこなかった」日本の国会議員、憲法改正という大問題についてさえ、はなから国会での与野党の合意形成を諦めている政治家。日本国憲法を得てから六十有余年、他の国々と違って改正を一度も実現せず、憲法を不磨の大典にしてきた原因は、勇ましく「改憲」を言うばかりで具体的行動を取ることのできなかった国会議員の意欲と能力であり、この国の政治のあり方だ。ドイツやアメリカのように改正が行われるようにしたいなら、ドイツやアメリカの政治家なみの改正への意欲と合意形成の能力を身につければよい。そうなれば、立憲主義にとって健全な憲法改正と、公権力のコントロールが実現できる。

その努力もないまま改正の発議要件を二分の一に引き下げる九六条改正を認めれば、政治の合意形成能力は低いままであり続ける上に、立憲主義的な権力へのコントロールも崩壊するだろう。憲法が最高法規として法律を含めたすべての規範の上に立ち、それらを立憲主義的にコントロールできるのは、両院の三分の二の賛成で発議し国民投票で過半数の賛成を得るという、数の上でも質の面でも高い正当性が民主的に「下から」与えられているからであることを今一度確認しておこう。

国民の義務を憲法で定める——憲法と道徳の峻別を

〈教育勅語と憲法〉

「日本人にとってなにが『大切なこと』なのかを示された手本」。明治神宮のサイト(http://www.meijijingu.or.jp/about/3-4.html)をみると教育勅語がこのように紹介されている。

教育の根本は道義立国の達成にあるとするこの明治天皇のお言葉は、次のように臣民に語りかける。皇室の先祖である天照大神がこの国を始めて以来、臣民は忠義と孝行を尽くし、心を一つにして、立派に美徳を維持してきた。これはとても素晴らしいことであり、教育の根本である。親孝行、兄弟愛、夫婦愛、友人を信じる心、言動を慎むこと、すべての人に手をさしのべること、学問に励み職業に専念すること、知性を身につけること、徳を磨くこと、進んで公益と世間のために尽くすこと、法に従うこと、いざという時には勇気を持って公のために奉仕し、これをつうじて皇室の命運を支えること。これらは、よき臣民であるために必要なことだ。

あらためて教育勅語をみると、今日の改憲論を読んでいるようだ。改憲論者は、日本国憲法がこのような内容を備えていないから、改憲を主張する。改憲論者だけでなく、護憲論者の中にも、実はこのように「日本人にとって大切なこと」を定める手本が憲法だと思っている人も多いのではないだろうか。ただ、護憲論者は教育勅語の内容に賛同できず、日本国憲法にあるべき道徳規範を見出そうとしているのである。例えば、日本国憲法一三条は、「すべて国民は個人として尊重される」と定めているから、公権力ではなく私たちが(あるいは、公権力だけでなく私たちも)他の人を個人として尊重しなければならない、と考える人は多い。一四条は「全て国民は法の下に平等」だと定めているので、公権力ではなく私たちが(あるいは、公権力だけでなく私たちも)部落差別などの差別をしてはいけないと宣言する人権擁護条例は全国に多くある。

〈増える義務規定と立憲主義〉

こうした道徳の「手本」を求める意識が、「日本国憲法は権利ばかりでよろしくないから義務の規定を増やそう」という主張を下支えしている。二〇一二年四月二七日に発表され、今後憲法改正論議のたたき台となるであろう自民党日本国憲法改正草案も、現行の教育を受けさせる義務、勤労の義務、納税の義務の他に義務を増やそうとしている。弁護士で憲法問題にも積極的に取り組んでいる伊藤真氏は、この改正草案で一〇個もの義務が新設されたと整理する。国防義務(前文三段)、日の丸・君が代尊重義務(三条)、領土・資源保全義務(九条の三)、公益及び項の秩序服従義務(一二条)、個人情報不当取得禁止義務(一九条の二)、家族助け合い義務(二四条一項)、環境保全義務(二五条の二)、地方自治負担分担義務(九二条二項)、緊急事態支持服従義務(九九条三項)、憲法尊重擁護義務(一〇二条一項)がそれである(伊藤真『憲法問題　なぜいま改憲なのか』(PHP新書、二〇一三年、八～九ページ参照)。

自民党の『日本国憲法改正草案Q&A　増補版』(六ページ)では、義務規定を増やすことで立憲主義を否定しているのではないかという問いに、次のように答える。

立憲主義の観点からすれば、憲法は権力の行使を制限する『制限規範』が中心となるべきものですが、同時に、立憲主義は、憲法に国民の義務規定を設けることを否定するものではありません。

実際、現行憲法でも『教育を受けさせる義務』『勤労の義務』『納税の義務』が規定されており、これは、国家・社会を成り立たせるために国民が一定の役割を果たすべき基本的事項については、国民の義務として憲法に規定されるべきだとの考え方です。

この点は、他の多くの立憲国家においても、国防義務や憲法擁護義務といったものが国民の義務規定として憲法に盛り込まれていることからも明らかです。（例：イタリア憲法五二条一項（祖国防衛義務）、同五四条（共和国への忠誠義務）、ドイツ基本法一二a条（兵役義務）など）

〈国民に憲法尊重義務を課すべきか〉

たしかに、立憲主義憲法だからといって国民の義務を定めてはならないというわけではない。しかし、自民党の憲法改正草案は、「権力の行使を制限する『制限規範』が中心となるべきもの」であるという憲法の原則を覆す危険性を孕んでいる。義務規定を多く置いているだけではなく、一〇二条一項で「全て国民は、この憲法を尊重しなければならない」と定めているからだ。この点について上述の「Q＆A」は「憲法も法であり、遵守するのは余りに当然のことであって、憲法に規定をおく以上、一歩進めて憲法尊重義務を規定したものです」（三七ページ）と述べている。それは「余りに当然」のことであるため合理的説明はいらない、ということのようだ。しかし、立憲主義憲法は権力の行使を制限する制限規範が中心となるべきものであるから、権力側ではなく国民に尊重義務を負わせる憲法は多くない。例外は国民にも憲法忠誠義務を課すドイツ基本法だ。憲法秩序に反する団体は禁止され（基本法九条二項）、憲法に定められた権利を、自由で民主的な体制を破壊するための闘争に濫用する者は、基本権を喪失する（一八条）とされている。これは、憲法の定める自由を全否定してしまうようなナチスを生み出してしまったことに対する重い反省に基づく試みであり、そのためにドイツは「例外」を敢えて選択して論理的、実践的な試みを積み上げて定着させてきた。国民に憲法を尊重させることは「余りに当然」とはほど遠く、そのための覚悟と入念な論理的、実践的準備なしには成り立たない。

自民党の改正草案一〇二条一項が成立すれば、私たちも他者を個人として尊重する義務、他者を差別してはいけないという義務を憲法で課されることになる。憲法の人権規定はすべて国民にも義務を課す規定となる。その次に来るのは、私たちの人権を侵害する輩を正義の味方の公権力に懲らしめてもらわなければ、という発想だろう。そして、自由の領域への公権力の介入の機会が増えていく。こうなれば、権力への制限規範を中心にすることもままならない。

私たちに求められるのは、憲法を道徳規範と混同せず、公権力を制限する制限規範を中心にすえることの確認をにすることだ。他者を尊重し、差別してはならないということは道徳上極めて重要なことだ。しかし、立憲主義の理論からすれば、それは憲法とは別の世界の問題である。私たちは、未だに自らを内面から律するべき道徳さえ国家権力に与えられ、強制されなければならないほど未熟なのだろうか。

「新しい人権」を定める

憲法改正の必要を唱える人が口をそろえて言うことに、環境権やプライバシー権などの新しい人権の規定が必要だ、とするものがある。本当にそうだろうか。第一に、そこで主張される環境権やプライバシー権は人権と呼びうる内容を持っているのか、第二に、憲法を改正しないとその権利は保障できないのか、の二点を検討したい。

〈権力を縛るための天賦人権説〉

「自民党憲法改正草案Q＆A」は、国民の権利義務についての方針について、「時代の変化に的確に対応するために、新しい人権に関する規定を幾つか設けました」とし、加えて次のように述べる。

また、権利は、共同体の歴史、伝統、文化の中で徐々に生成されてきたものです。したがって、人権規定も、我が国の歴史、文化、伝統を踏まえたものであることも必要だと考えます。現行憲法の規定の中には、西欧の天賦人権説に基づいて規定されていると思われるものが散見されることから、こうした規定は改める必要があると考えました。（13ページ）

自民党改正草案では、日本国憲法が「西欧の天賦人権説」に基づいていることの意味が理解されていない。日本国憲法が人権は王でも国でもなく、天から与えられたものだという天賦人権説を基礎にしているのは、西欧の神であるキリストに与えられた人権を天照大神の国の国民にも保障するためではない。すでに述べた自然権思想に基づいている天賦人権説は、共同体や国家の同意なしに認められる人権を正当化し、国家はそれを侵してはならないと主張するための論理である。もし、これを採用しないのであれば、右の文中の「我が国の歴史、文化、伝統」の中にこれにかわって公権力から国民を守る権利の論理を示さなければ、憲法を「権力の行使を制限する『制限規範』が中心となるべきもの」とすることはできない。

〈「新しい人権」は人権ではない？〉

人権とは公権力の制限によって保障されるものだという点を明確にした上で考えてみよう。自民党憲法改正草案は一九条の二は「何人も、個人に関する情報を不当に取得し、保有し、又は利用してはならない」としている。プライバシー権が、業者が個人情報を勝手に入手して宣伝に使えないように国が規制することだとすれば、それは人権ではなく他者を害してはならないという自由の限界、公共の福祉の問題である。自民党改正草案二五条の二は「国は、国民と協力して、国民が良好な環境を享受することができるようにその保全に努めなければならない」と定める。良好な環境で暮らせるように国がその保全に努めることが環境権であり、例えばCO2の排出量規制を国が行うといったことで実現されるのだとすれば、それもまた公権力からの自由という意味での人権ではない。むしろこれも企業等の経済活動の自由(日本国憲法二二条、二九条)の制約によって実現される公共の福祉だ。これらを権利論として法的に主張するとすれば、民法などの私法上の人格権ということになる。したがって自民党が主張する「新しい人権」は、人権の概念から外れている。

〈「新しい人権」が人権だとすれば〉

プライバシー権が、警察に勝手に写真を撮られないことや、すでに見たように個人情報を公権力に「みだりに第三者に開示又は公表されない自由」だとすれば、それは判例上憲法一三条の幸福追求権の規定ですでに保障されている。環境権についても、国のずさんな原発政策で良好な環境で暮らすことを妨げられないといった内容の自由を意味するとすれば、一三条の幸福追求権の一内容をなすと考えられる(芦部前掲書二六三ページ参照)。その意味では、日本国憲法ですでに十分に対応できているのである。

それにもかかわらず、「時代の変化に的確に対応するため」にプライバシー権や環境権の定めが必要だと主張するなら、憲法上定めをおくべき新しい人権とはどのような内容の権利であり、それを定めることによって現行憲法では実現できないどのような利益が国民に与えられるのかを合理的に説明するべきだ。それができていないということは、自民党の憲法改正草案が、プライバシー権や環境権を人権として定めることができず、国の責務としていることに象徴的に示されている。

〈憲法改正の必要性はどこに?〉

改憲論の多くは、このように合理的な必要性を示せないまま、「古いから」「時代に対応できないから」といったお粗末な理由で主張されている。もう少し憲法改正の必要性についてまじめな議論をし、改正することで国民にどのような利益があるのかを誠実に示す必要があるのではないか。

集団的自衛権と憲法改正

〈集団的自衛権行使容認の閣議決定〉

二〇一四年七月一日、安倍内閣は憲法九条の解釈を変更し、集団的自衛権の行使を容認する閣議決定を行った。集団的自衛権とは、各国が、自国と密接な関係にある外国に対する武力攻撃を、自国が直接攻撃されていないにもかかわらず、武力で阻止する権利である。自国に対する攻撃に対して他国と協働して阻止することは個別的自衛権の行使にあたり、ここに含まれない。

従来政府は九条を次のように解釈してきた。主権国家が固有に有する（個別的）自衛権（自国に対する外部からの急迫不正の侵害に対し、これを排除するのに他に適当な手段がない場合、必要最小限度の実力を行使する権利）を日本も当然に有するので、自衛のための必要最小限度の実力は憲法九条二項が禁止する「戦力」にあたらない。しかし、「わが国が特段攻撃されていないにもかかわらず他国に加えられた武力攻撃を実力で阻止することは、憲法九条のもとでは許容される実力行使の範囲を超えるものであり、許されない」（『防衛白書』平成二五年版、一〇一ページ）。

しかし、平成二六年版『防衛白書』（一一九～二〇〇ページ）では、七月一日の閣議決定で憲法の解釈を変更したことを次のように説明している。安全保障環境の根本的な変化により、他国への武力攻撃でも「わが国の存立を脅かすことも現実に起こり得る」。したがって、「わが国に対する武力攻撃が発生した場合のみならず、〔①〕わが国と密接な関係にある他国に対する武力攻撃が発生し、〔②〕これによりわが国の存立が脅かされ、国民の生命、自由および幸福追求の権利が根底から覆される明白な危険がある場合において、〔③〕これを排除し、わが国の存立を全うし、国民を守るために他に適当な手段がないときに、必要最小限度の実力を行使することは、従来の政府見解の基本的な論理に基づく自衛のための措置として、憲法上許容されると考えるべきであると判断するに至った」（〔〕内は引用者）。

ここに示された武力行使の「新三要件」が満たされるなら、国際法上集団的自衛権の行使とみなされる「武力行使」も「あくまでわが国の存立を全うし、国民を守るため、すなわち、わが国を防衛するためのやむを得ない自衛の措置として」認められる。こうして、憲法九条の枠内で、集団的自衛権を説明するのである。

〈日本の立憲主義の問題点を集約〉

この政府による解釈変更に対しては、憲法九条の規範を骨抜きにして自国への攻撃もないのに実力行使を認めること、憲法改正の手続を経ずに政府の閣議決定で九条解釈を変更し、集団的自衛権を容認した手法、手続の問題など、様々な批判が巻き起こっている。この集団的自衛権容認閣議決定の顛末には、日本の立憲主義が抱えている次にあげる四つの問題点が集約されていると言ってもよい。

第一に、内閣がこれまで違憲としてきたものを満足な国会審議も経ずに解釈変更したことだ。これは、第四章でみたように、国会の権威と役割が小さくなり、その分内閣、特に首相に権限と権威が集まるような政治を、憲法の定めをすり抜けて作ってきたことの帰結である。それ故、この閣議決定は「歴史的瞬間」と捉えられた。例えば、二〇一四年七月三日付け朝日新聞「(検証　集団的自衛権)憲法が骨抜きになった瞬間」は、「『国民の生命、自由及び幸福追求の権利が根底から覆される』場合ならば」集団的自衛権の行使が認められるという内容を、その要件に盛り込みたいという公明党の要求を高村正彦自民党副総裁が安倍首相に伝え、首相が「それで結構です」と答えた瞬間を「憲法が骨抜きになった瞬間」とみなしている。憲法の定めに従えば、閣議決定はただの内閣の意思決定にすぎず、内閣は国会に対して連帯して責任を負う、すなわち国会の信任なしには行政を行うことができないのだから、国民代表からなる国会がこの問題の最終的な決定権を持つはずだ。しかし、現在の国会は政党や派閥ごとに分断され、議員は有権者に支持された政策の伝達役しかできないでいるので、内閣の決定が国家の決定と化してしまうのである。

第二に、共通番号制を論じた第七章でみたような「国家は私たちをまもってくれて、人権を与えてくれる」という、憲法とは真逆を向いた私たちの権力観や人権観が集団的自衛権行使を強力に正当化している。本来国家の不作為を求める憲法一三条の「生命、自由及び幸福追求の権利」という言葉が、集団的自衛権行使という作為を正当化する根拠としてあげられるのはその象徴だ。二〇一四年七月二日付け朝日新聞社説「集団的自衛権の容認　この暴挙を超えて」は「首相はきのうの記者会見でも、『国民の命を守るべき責任がある』と強調した」ことについて、「だが、責任があるからといって、憲法を実質的に変えてしまってもいいという理由にはならない。国民も、そこは見過ごすべきではない」と述べている。この主張は正論だ。しかし、第一章、七章でとりあげた共通番号制についての同社二〇一三年五月二四日付け社説の論理にしたがうならば、集団的自衛権についても「煎じ詰めれば政府は誰のためにあるのかという問に突き当た」り、「様々なリスクがある中で、集団的自衛権の利点を最大限引き出すためには政府に対する信頼感が欠かせない。信頼できる政府をつくるのも、私たち自身である」となってしまうのではないか。公正な社会を実現し社会保障を与えてもらうためにプライバシー権を脇に置いて政府を信頼すべきだと説得された読者は、近隣の国が横暴な行動に出ている中、米軍に守ってもらうために必要だから集団的自衛権についても九条の規範性を脇に置いても政府を信頼しなければならない、と思うのではないだろうか。この権力観や人権観を反転させることなしに、集団的自衛権、九条だけは別だと説いても説得力はない。

第三に、説明なしの「信じる政治」である。二〇一四年七月四日付け朝日新聞「(検証　集団的自衛権：2)石破氏、奪われた『アイドル』」によれば、集団的自衛権を日本の存立のために必要最小限度認めようという限定容認論が有力になる中、石破茂自民党幹事長は首相に「閣議決定文から『集団的』という言葉を外したらどうですか」と切り出したという。これに対して安倍首相は「だめだ、閣議決定に集団的自衛権という言葉は絶対に入れる」と答えたという。記事では石破氏の発言は公明党への配慮からだったとされている。このやりとりはこの議論の本質を浮かび上がらせる。安倍首相が絶対に閣議決定したかったのは集団的自衛権の行使だが、それに付された説明は「集団的」をとった個別的自衛権を論じているかのようなのである。最も大きな問題は、集団的自衛権とは自国ではなく他国への攻撃に対する反撃であり、他国の防衛のために私たち日本人がその負担を負い、犠牲をはらうことについて正直に説明されていないということだ。安倍首相は自衛官が犠牲になる可能性について問われても正面から答えなかったのはすでに紹介したとおりだ。アメリカをはじめとした他国は限定的にしか容認されていない集団的自衛権を理解できるのだろうか。首相は「集団的」をとってもよいほどの限定を付された集団的自衛権で満足するだろうか。集団的自衛権を自衛権の範囲でしか行使しませんから信じてください。そう求めているかのような政治を私たちは信じようとしている。

第四に、解釈改憲である。必要性に迫られ、有益性を示されれば、憲法改正が必要な場面でも改正せずに解釈を変える解釈改憲でごまかし、ずるずると公権力に対する縛りを後退させる。これまで、日本国憲法、特に九条はそのように扱われてきた。制憲議会において吉田茂首相は「戦争放棄に関する本案の規定は、直接には自衛権を否定しておりませんが、第九条第二項において一切の軍備と国の交戦権を認めない結果、自衛権の発動としての戦争も、また交戦権も放棄したのであります」と述べていた(一九四六年六月二六日帝国議会衆議院本会議)。しかし、一九五〇年代になるとアメリカの求めに応じて再軍備が進められ、一九五〇年に警察予備隊、一九五二年には陸上保安隊、海上警備隊ができ、一九五四年には自衛隊ができた。その間、「警察予備隊は警察力である」、「陸上保安隊、海上警備隊は近代戦争を遂行する能力を有していない」と、これらを九条に反するものではないとする解釈は変転してきた。そして、自衛隊が創設されると、前に見たとおり、自衛のための武力は九条が禁止する戦力ではないとする解釈が施された。すでに紹介したとおり同じ時期に広い合意形成を行って憲法改正によって再軍備をしたドイツと比べてみるべきだろう。そして、現在の「集団的自衛権容認は解釈改憲ではなく、必要なら正々堂々と憲法改正をせよ」と主張する多くの人は、個別的自衛権を容認するために繰り返されてきた解釈改憲の結果である九条解釈を基礎にして「個別的自衛権は合憲だが集団的自衛権は違憲だ」としている。こうした議論について、法哲学者井上達夫氏は次のように述べる。「自分たちに都合のいい解釈改憲ならOKというのは欺瞞です。こんな護憲派の姿勢は、憲法の規範的権威を毀損し、『うそ臭い念仏』化させることに一役買ってしまったと思います(二〇一三年一〇月二六日付け朝日新聞「(今こそ政治を話そう)あえて、九条削除論　法哲学者・井上達夫さん」)。

〈関連法律の整備――問われる全国民の代表の価値〉

今後まず二〇一五年の通常国会で集団的自衛権を行使できるようにするための自衛隊法など関連法の改正が議論される。国権の最高機関でこれらの法改正が成立したときこそ憲法九条が骨抜きになる瞬間だ。世論は大きく揺れている。以前から憲法改正支持が反対を大きく上回っていた日本経済新聞の世論調査(テレビ東京と共同実施)は、集団的自衛権閣議決定以前の二〇一四年四月の調査で賛否ともに四四％で並んだ(二〇一四年五月二日付け日本経済新聞電子版「憲法『維持』が過去最高、『改正』と並ぶ　本社調査」)。前年は改正支持が過去最高の五六％、改正反対が過去最低の二八％だったから、激変と言える。しかも、内閣支持層でも前年六二％あった改正支持は五二％に減少、改正反対は一二％増えて三六％になった。日経新聞は「回答の変化には、最近の一連の動きが影響した可能性がある」としている。この「一連の動き」の例として、日経新聞は、憲法改正国民投票法の成立、集団的自衛権の行使を容認する憲法解釈変更の閣議決定の動きをあげている。前年の特定秘密保護法の強行採決も影響を与えた可能性がある。

これほど重要な問題に直面しても国会議員たちは政党に羽交い締めにされ、ただの票の伝達役であり続けるのだろうか。政治家は、全国民の代表として、全国民のために取るべき選択肢を示し、選択すべきだと考える見解が変わりうることを前提に議論して、全国民の意思を示すことはできないのだろうか。

では、国民はどうするべきか。二〇一五年四月には統一地方選挙が行われ、都道府県知事選・議会選と市町村長選・議会選の二回、意思表示をする機会がある。地方選挙は国政の争点について判断する場ではない。しかし、集団的自衛権行使に必要な立法の国会審議の直前になるであろうこの選挙の結果は、大きな影響力をもち、与党が勝利すれば「政府の政策が支持された」と言われるだろう。否が応でもこの問題に大きな影響を与える選挙にならざるを得ない。

集団的自衛権が憲法上許容されるのか、その行使容認が日本と世界の安全保障のあり方として望ましいのか、の両面で主権者国民の判断が問われる。これらの点については、すぐれた論稿が多数あるのでそちらに譲りたい。ただ、一点だけ指摘しておきたいことは、集団的自衛権の根拠となっている国連憲章五一条は、その行使を積極的に肯定しているわけではないことだ。国連憲章二条四項が「武力による威嚇又は武力行使」を禁止することを原則としているからである。これの例外として軍事的措置が許されるのは四二条の定める安保理の決議による場合であり、その措置がとられるまでの間に限って認められるのが集団的自衛権だ。武力行使禁止の理想とそれだけではすまぬ現実とのせめぎ合いが五一条であり、集団的自衛権は国際社会が目指すべき理想ではない。仮に、国際的な安全保障環境の変化への現実的な対応のためにその行使を容認するとしても、その先にどのような理想を展望するのかとともに、私達はこの問題について判断しなければならない。

〈九条改正と日本の立憲主義〉

もし法整備が実現すれば次に来るのは憲法九条の改正だ。今後議論されるであろう九条改正について特に指摘しておきたい問題は、解釈改憲によってなし崩し的に憲法規範が破壊されてきた現実を、憲法を改正することによって追認していいのかどうかということだ。これを認めることは、一九五〇年代の解釈改憲をも認め、憲法が政治のあり方をコントロールする道具ではなく、その拘束を逃れた権力の行為を追認しお墨付きを与える道具に転嫁することを意味する。それでは日本は近代的な憲法をもつ「普通の国」とは言えない。

今後、日本が憲法をもつ国家だと言えるための正念場が続く。集団的自衛権行使への賛否にかかわらず、少なくともそのなし崩し的容認は避けたい。

解釈改憲されてきたとはいえ、これまで憲法九条の存在が与えてきた権力へのコントロールの成果は絶大だったことはたしかだ。今度は、私たち日本国民が自覚的にこれを使って権力をコントロールできるようになる番だ。その能力を身につけたときはじめて、憲法九条を保持している日本国民が、ノーベル平和賞にふさわしい存在になるのではないか。

おわりに

憲法を使え！——信じていても救われない

東日本大震災の衝撃は大きかった。なぜ私たちの国は十分に対応できなかったのか、安倍政権が誕生しても同じような不安が続くのはなぜか、この事態は憲法、立憲主義とどのような関係にあるのか——。私はいくつもの問いに向き合わざるをえなかった。

考えるうち、問題の根本は政治も社会も硬直させている「分断」であり、それを生み出しているのは、異なる立場を認めず、合理的説明なしに「信じる」ことを求め、求められる政治だと気づいた。それを生み出しているのは、社会は自分と異なる多様な立場をもつ人たちでできているということに無関心な私達の意識だ。そのような社会では、常に正しい答えは一つで、他の意見には大きな価値が認められない。政治においては、正解を決めるのは単純な多数決だ。しかし、その政治は、ある状況では大震災後のように決められない政治となり、ある状況では独裁と全体主義に行き着きかねない。議論という回路を欠いている私たちの政治と社会では、本来多面的なはずの事柄の一面だけを示されて、それを信じるかどうかが求められる。問いに答えず、指摘されるような問題が起ることは「断じてあり得ない」と断言だけして国民を説得しようとする安倍首相はその象徴だ。説明不要でも信頼されるなら不利な情報は隠してしまうのも当然のことだ。放射線の飛散予測は公開されず、飛散のひどい地域に人々は避難した。いじめは、原因を十分な情報とともに明らかにすることなく幕引きされ、何度も惨劇が繰り返されている。しかも権力、行政側の責任を十分に追及する手段はなきに等しく、権力の自制心を「信じる」よりほかない。

民主主義国、立憲主義国であるはずなのに、国民が権力をコントロールする必要を十分に理解できないまま、一方的に信頼が与えられている。

憲法上、多様な国民の利害を調整するために「国権の最高機関」とされたはずの国会は小さな役割しか果たさなくなっている。そのかわりに内閣、特に首相が実質的に「国権の最高機関」の地位をほしいままにし、政治全体を掌握している。その傾向は私たちの直接民主制的指向と政治実践によってより強固なものとなった。しかし、どれだけ首相に権力が集中してもあの大震災の被災地と被災者を効率的に救済することはできなかった。安倍首相の強力なリーダーシップも被災地、被災者の救済に向けられることはなく、景気の回復、集団的自衛権の容認などに向けられている。しかも、それは常に選挙独裁、期限付き独裁という批判をともなっている。このような事態が問題だとすれば、全く別の選択肢を示している日本国憲法の立憲主義をもう一度見直す価値はあるはずだ。

日本国憲法は分断を避ける手段として代表民主制を選択し、代表による総合的な決定ができる国会を国権の最高機関に指名している。国民の多様な価値観を吸収し総合的な判断のできる国会のコントロール下に内閣をおき、総合的な判断を経た政策、立法を実現させる仕組みを用意した。それのみならず、裁判所に違憲審査権を与えて、少数意見の表明と政治への反映を多数派が弾圧してしまわぬようにして、多様な価値を守る人権保障の仕組みも設けられた。

それでも私たちは、朝鮮半島から家族を救出する米軍艦をまもるため、社会保障の充実と公正な社会の実現のため、アメリカとの連携を深めて抑止力を強化するため、とメリットを挙げて説得されれば、権力を無防備に信じようとする。アメリカ軍が日本人を紛争国から輸送するということがあり得るのか、そのためにアメリカが自衛権を行使する戦争に参加することがどれほどの損害を日本と日本人に与えるのか。公正で充実した社会保障のための共通番号制が私たちの情報を権力に筒抜けにし、監視されたら、日々の暮らしと民主政治はどうなるのか。ただでさえ情報が隠蔽されるこの国で、特定秘密保護法がさらに風通しのわるい社会を作るとしたらどうなるのか。そんなことをオープンに示された情報をもとに考え議論することなしに、信じてしまう。

私たちが心がけるべきことは、何事にも多面性があり、良い面も悪い面もあること、したがって自分が信じることがらにも良い面も悪い面もあるという動かしがたい真理を受け入れ、違うことを信じている人達と一緒にこの社会と国をつくっていくことだ。そのためには互いに合理的な説明を尽くすことが必要だ。信念を曲げる必要はない。しかし、自分の信念だけが一〇〇％正しくその他は一〇〇％間違っているという二者択一をけっしてしないことだ。それはまた一〇〇％自分の信念が実現されることはけっしてないことを意味する。自分と周囲が違わないことによる安心だけがたよりの小島が点在する島宇宙から脱出しなければならない。多様な価値の共存は軋轢をうむことがあっても、私たちの社会と国家にもっと必要な厚みとエネルギーをもたらすに違いない。

大震災からもうすぐ四年が経過しようという現在でも、避難生活を強いられている人は二三万四〇〇〇人(平成二六年一二月二六日復興庁発表)もいる。福島第一原発では放射能汚染水のコントロールもままならないのに、首相はオリンピック誘致のために国際社会に「安心」を約束した。信じていても救われない。そう感じるのが私だけではないとしたら、異なる選択肢を提示する立憲主義と憲法を使ってみるべきではないだろうか。政治を動かす原動力は、国民の意識と行動だ。私たちは、この国を憲法の示す方向に軌道修正することもできる。期限付き独裁を生む分断の中にある今こそ、憲法を使おう！

【著者】

田村 理

…たむら・おさむ…

1965年新潟県柏崎市生まれ。専修大学法学部教授。専門はフランス憲法史、憲法学。明治大学法学部卒業、一橋大学大学院法学研究科博士課程修了。福島大学行政社会学部助教授、専修大学法学部助教授を経て現職。

フランス革命期の憲法史研究を通じて、憲法典は受け止める主体によって意味が異なることに関心をもつ。日本の憲法問題についても法学上の解釈理論よりも憲法がどのように受け止められ、受け止められるべきかについて発言を続けている。

＊主著：『フランス革命と財産権』、『投票方法と個人主義』（ともに創文社）、『国家は僕らをまもらない』（朝日新書）、『僕らの憲法学』（ちくまプリマー新書）

フィギュール彩㉘

日本政治《にほんせいじ》のオルタナティブ　憲法《けんぽう》を使《つか》え！

二〇一五年三月一一日　初版第一刷

著　者——田村 理

発行者——竹内淳夫

発行所——株式会社 彩流社

〒102-0071

東京都千代田区富士見2-2-2

電話：03-3234-5931

ファックス：03-3234-5932

E-mail：sairyusha@sairyusha.co.jp

印刷——明和印刷株式会社

製本——株式会社村上製本所

編集——出口綾子

装丁——仁川範子

ISBN978-4-7791-7025-6 C0332

http://www.sairyusha.co.jp